"珍藏中国"系列图书

贾文毓 孙轶◎主编

贝阙寿宫
中国的陵墓

靖玉娟　陈小娟　编著

希望出版社

图书在版编目（CIP）数据

中国的陵墓：贝阙寿宫 / 贾文毓主编. -- 太原：希望出版社，2014.10（2022.9重印）
（珍藏中国系列）
ISBN 978-7-5379-6330-5

Ⅰ.①贝… Ⅱ.①贾… Ⅲ.①陵墓 - 介绍 - 中国 - 青少年读物
Ⅳ.①K928.76-49

中国版本图书馆CIP数据核字(2014)第002994号

图片代理：www.fotoe.com

中国的陵墓——贝阙寿宫

著　　者	靖玉娟　陈小娟
责任编辑	张　平
复　　审	杨照河
终　　审	刘志屏
图片编辑	封小莉
封面设计	高　煜
技术编辑	张俊玲
出版发行	山西出版传媒集团·希望出版社
地　　址	山西省太原市建设南路21号
经　　销	新华书店
制　　作	广州公元传播有限公司
印　　刷	北京一鑫印务有限责任公司
规　　格	720mm×1000mm　1/16　14.5印张
字　　数	290千字
版　　次	2015年2月第1版
印　　次	2022年9月第5次印刷
书　　号	ISBN 978-7-5379-6330-5
定　　价	55.00元

目录

一、陵墓——万年寿域

陵墓溯源 …………………………………… 10

豪华的殉葬 ………………………………… 12

惨绝人寰的"人殉""人祭" ……………… 14

二、山含王气，地走龙蛇——陵墓建筑

陵墓坟头 …………………………………… 18

陵墓建筑 …………………………………… 21

三、话说盗墓与防盗

自古盗墓为何故 …………………………… 26

形形色色的盗墓工具 ……………………… 30

盗墓"遭报应"的逸闻趣事 ……………… 32

五花八门的防盗措施 ……………………… 36

四、走进五千年帝陵

传说中的帝王之陵 ………………………… 40
  文明始主伏羲氏太昊陵 ………………… 40
  农耕文化创始人神农氏炎帝陵 ………… 43
  人文初祖黄帝陵 ………………………… 45
  陶唐氏帝尧陵 …………………………… 48
  有虞氏帝舜陵 …………………………… 50
  治水功臣大禹陵 ………………………… 53

秦汉天下一统时期帝王之陵 ·············· 57

"千古一帝"秦始皇陵·· 57
"布衣皇帝"汉长陵··· 61
"躬修节俭"汉霸陵··· 64
"清净无为"汉阳陵··· 66
"独尊儒术"汉茂陵··· 69
"中兴之王"汉原陵··· 73

动荡中的魏晋南北朝帝王之陵 ·············· 77

魏武帝曹操高陵··· 78
"薄葬典型"魏文帝首阳陵···································· 81
"昭烈皇帝"惠陵··· 83
吴大帝蒋陵·· 87
北魏孝文帝长陵··· 89

隋唐盛世时期的帝王之陵 ·············· 91

隋文帝泰陵·· 91
好大喜功炀帝陵··· 93
唐高祖献陵·· 95
千古明君唐昭陵··· 97
风雨乾陵无字碑·· 101
盛世桥陵·· 104
寂寞泰陵·· 106
唐顺陵··· 108
藏王陵··· 109

五代十国时期帝王之陵 ································· 112

后周帝陵 112
南唐二陵 114
宋太祖永昌陵 117
宋仁宗永昭陵 119
南宋少帝陵 120
一代天骄陵 122

明清封建制极盛时期帝王之陵 123

凤阳明皇陵 123
一陵双冢明显陵 125
明十三陵 126
清　陵 151

五、名墓掠影

千年不朽马王堆汉墓 175
中山靖王墓 179
"巍巍祁连山"霍去病墓 182
"青冢拥黛"昭君墓 184
章怀太子墓 186
唐懿德太子墓 189
永泰公主墓 193

杨贵妃墓 ··· 195

圣人孔林 ··· 198

屈原墓 ··· 202

关陵 ··· 205

岳飞墓 ··· 210

郑成功墓 ··· 213

六、墓群概观

辽阳汉魏壁画墓群 ····································· 216

洞沟古墓群 ··· 218

六顶山古墓群 ··· 221

龙头山古墓群 ··· 223

阿斯塔那古墓群 ······································· 225

八岭山古墓群 ··· 227

擂鼓墩古墓群 ··· 229

广武汉墓群 ··· 231

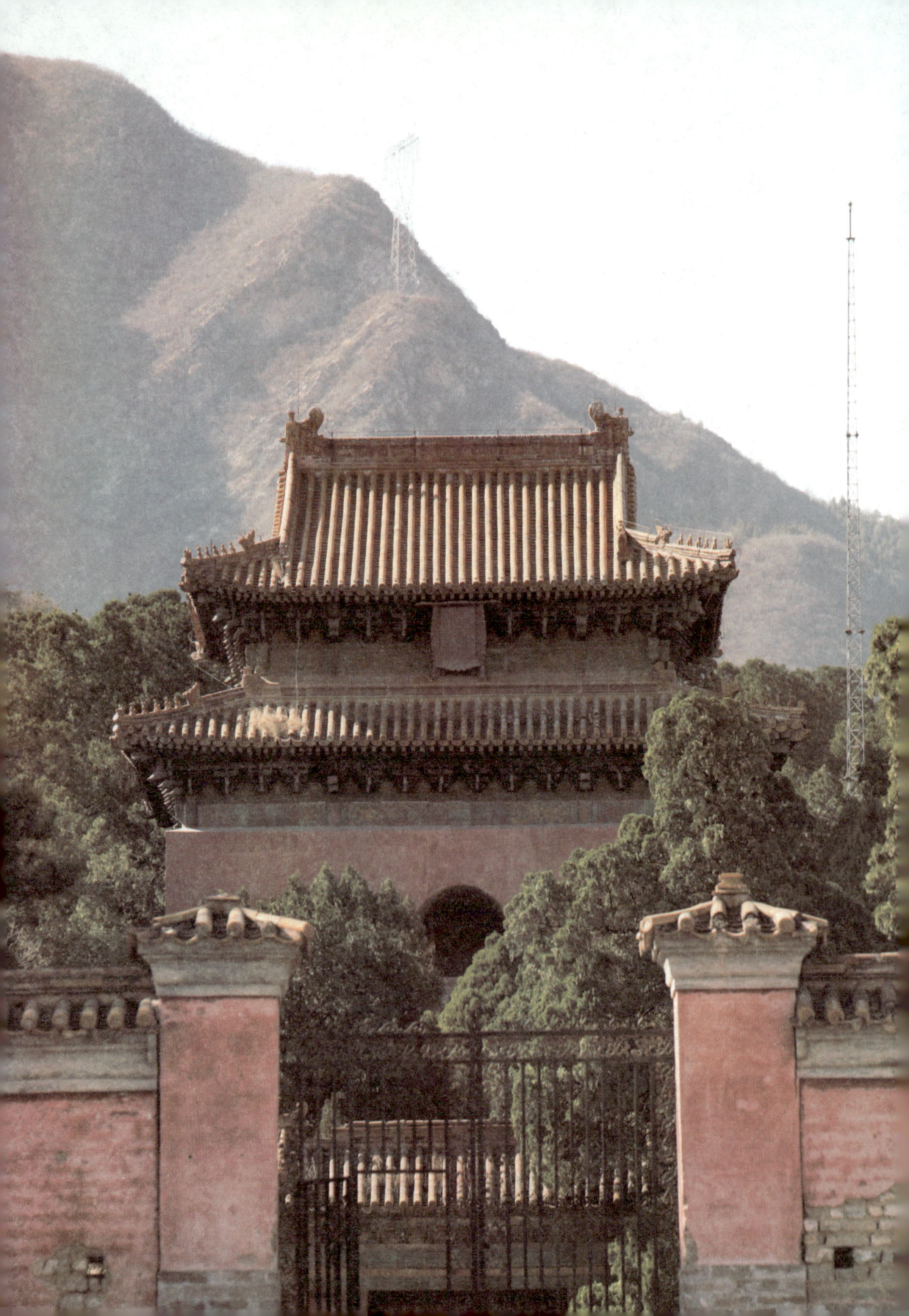

一 陵墓——万年寿域

一 陵墓——万年寿域

珍藏中国 中国的陵墓

陵墓溯源

现在的人死后会有丧葬礼制，表达活着的人的怀念和哀思。也许你并不知道，远古人对死者遗体的处置，没有特殊的尊重。他们常常弃尸荒野，甚至会分尸吃掉。那时候生活条件实在太恶劣了，为了生存，吃掉死者遗体的事是经常发生的。

▲彝族人头束椎髻"天菩萨"，被视为男子灵魂的藏身之地

在原始社会，当人们梦见死去的人，梦见他们仍在生产、生活，仍在教导儿女、呼朋唤友，就以为他们肉体虽然死了，灵魂却仍然活着。

灵魂不灭的观念认为，人死后灵魂还会存在，还能干预人间的事，给活着的人带来灾祸或带来幸福。丧葬习惯和风俗的产生、演变，都受到这种观念的影响。

我国各个民族的灵魂观念不同。汉族一般认为每个人只有一个灵魂，生前为灵魂，死后为鬼魂；灵魂附着在活人的身体里，鬼魂附着在尸体里或者隐藏在坟墓里。与汉族不同的是，许多民族认为每个人不只有一个灵魂。比如彝族人用三个名字代表三个灵魂，他们认为人死后有一个灵魂到阴间、一个跟随尸体进入坟墓、一个附着在灵牌上由子孙供奉。彝族人一遇到不顺心的事，就要请巫师作法乞鬼、驱魔。云南省的景颇族、佤族等少数民族认为，人的灵魂在人活着的时候就常常离开肉体，认为梦境是灵魂在外游荡经历的事情，人死后灵魂会单独存在。

这种对灵魂的信奉，不仅没有随着历史车轮的推进淡出历史的舞台，而且像星星之火一样愈演愈烈。灵魂是不灭的，因此活着的人用墓葬的形式来祭奠死者，不仅仅是死亡的肉体，更重要的是死者的灵魂。在中国历史上，人们用不同的墓葬形式，演绎着活着的人对死者的缅怀和对美好生活的向往。

人们有了灵魂的信仰。既然人死了还有灵魂存在，那么怎样处理尸体与灵魂之间的关系呢？有些地方的人们认为死亡意味着灵魂的超脱，为了让灵魂不受已经死亡的肉体的束缚，于是就采用了天葬和水葬的形式。更多地方的人们认为，人死后还会到另外一个世界去做他生前喜欢做的事情，为了让死者在那个世界生存得更好，千百年来，人们用不同的方式修饰着那个幻想中的世界，最直接的体现就是墓葬形式、墓葬制度的不断演进和完善。

最初的墓没有坟丘，只与地面平齐。东汉时期有位名叫崔实的人，在他的《政论》里写到："古者墓而不坟，文（周文王）、武（周武王）之兆，于平地齐。"这就是说，殷周时代以前，墓是没有坟丘的，大多数是像土炕一样的墓室。

那么，现代常见的有坟丘的墓葬又是如何出现的呢？

在中原地区，有坟丘的墓葬出现在春秋晚期。孔子将父亲和母亲的尸体合葬在一起时就筑了一个坟丘。尽管孔子也知道墓藏不筑坟丘的习惯，但他常年离开家乡周游列国，为了防止回来后找不到埋藏父母的墓址，就把父母的墓筑高了四尺，这样就方便辨识了。这件事记载在《礼记·檀弓上》。

那么筑起坟丘仅仅是为了方便识别吗？

当然不是。春秋晚期，随着奴隶制度的没落，宗族共有财产的继承制度消失了，以宗族为单位的墓葬制度也就跟着瓦解了，而新兴的地主家族制代替了这一切。过去奴隶主墓葬等级主要体现在地下的墓室中，这时人们要求体现新的等级制，不仅地下墓室，在地上能看见的墓藏外观上也要进一步体现，所以把这种地面上的区别看得更重。对活着的人来说，为死去的人筑好墓葬就成了显扬祖德、名扬后世的事，于是有关坟墓的创新文化产生了。

中国的陵墓

豪华的殉葬

▲汉墓彩色壁画：车马出行图（局部）

古代建立的陵墓制度，使每个时期灿烂的科技产品、文学艺术作品能够保存下来，因此我们现在还能欣赏到千年前的古老艺术。每一个陵墓都荟萃了当时文化艺术的精华。

曾侯乙的编钟：我国公元前4世纪有个曾（zēng）国，曾侯乙是曾国的君王。在他的墓中发现了大量的随葬品，有兵器、竹简、礼乐器、车马器、金玉器、漆木器等，数量有七千多件呢。种类繁多、排列有序的乐器，就像是一座古代音乐厅。其中主要的乐器是一套64件的编钟。用这套编钟不仅可以演奏那些简单的古代乐曲，甚至还可以演奏现代复杂的音乐作品。

五彩缤纷的壁画：中国古代陵墓中随葬有大量的金、银、铜、铁、玉、宝石以及陶、瓷器等精美的工艺品，是名副其实的地下宝库。许多陵墓的墓道、墓室还有壁画，简直就像是地下画廊一样。

辽宁金县营子城的汉墓壁画以及辽阳三处汉墓壁画

> **知识链接**
>
> 神奇的古墓：湖南长沙马王堆发掘的三座西汉古墓，是西汉初期軑（dài）侯家的墓地。出土文物众多、内容丰富，轰动了国内外。出土文物有帛书、帛画、竹简、漆器、丝织品、木俑、陶器、中草药、农畜产品等，特别值得关注的是一具女尸，保存完好、富有弹性，说明那时已经有了很高的防腐技术。出土的帛书有《周易》、《六十四卦》、《系辞》，还有大量的古医书，如《足臂十一脉灸经》、《阴阳十一脉灸经》、《脉法》、《阴阳脉死候》、《五十二病方》等。

一 陵墓——万年寿域

是发现较早的墓地壁画。壁画的主要内容是墓主人的生活情形：贵族欢宴饮酒、乐舞杂技表演、厨夫忙碌传食、车骑行进奔驰等。画面栩栩如生、绚丽多彩。

东魏茹茹公主墓保存着近150平方米的彩色壁画。壁画布局非常严谨，人像比例协调，服饰逼真生动，画面壮阔，线条豪放，可以说是北朝时最高水平的壁画。

唐代墓室壁画规模最大的是乾陵的三座陪葬墓：永泰公主李仙蕙墓、章怀太子李贤墓、懿德太子李重润墓。永泰公主墓有一幅壁画，画着一群宫女，手持烛台、食盒、团扇、如意、浮尘等物品，慢步向前行进，穿着装饰鲜亮，神态风度优雅，描线流畅劲挺，看得出画家的技巧十分精湛。

▲曾侯乙编钟

惨绝人寰的"人殉""人祭"

"人殉"、"人祭"说的是什么呢？人殉就是用人殉葬，人祭就是杀人祭祀。中国历史上的人殉，先是从男性对女性的奴役开始的。从发掘甘肃武威娘娘台，以及永靖秦魏家的齐家文化氏族墓地中，发现了一些成年男女合葬墓。经过考证，确认是同时入葬的，而且男尸比女尸尊贵，这就说明墓中的女性是殉死陪葬的。

这种妻妾殉夫的习俗，只流行于齐家文化的部分地区，并不是当时所有的男子死后都可以杀妻殉葬，有权占有大量奴隶并且妻妾众多的男子也只是少数。它出现在母系氏族公社瓦解、父系氏族公社确立的时代，反映了女性被奴役的开始。

人殉的发生，同私有制的出现，父系氏族社会的确立有着密切的关系。人祭的起源更早，出现在原始社会，是对大自然的愚昧无知，人格化神灵崇拜所造成的。

从现有的考古材料来看，中国的人殉、人祭，大约出现在距今四千多年前的原始社会末期。人殉、人祭成为一种社会制度并广泛流行，是在殷商奴隶制国家出现以后。人殉、人祭在商代的早期和中期已经很普遍，但是用人数量还比较少；盘庚迁殷以后进入鼎盛时期，用人数量达到最高峰；武丁以后又逐渐有所减少。已发现的殷墟甲骨文中的有关人祭数字，可以考证的达到13000多人。其中最多的是武丁时期，人殉人祭数字可以考证的有9000多人。一次用人数目不等，最多的有500人。

殷商时代人殉、人祭制度下的牺牲者，各自的身份是不同的。用作人殉的，有相当大的一部分是死者宠幸的妻妾、亲近的奴仆武士；人祭主要是战俘变成的奴隶。比如武丁时期的主要征伐目标是羌，俘获的羌人成为当时奴隶的重要来源。他们经常与牛羊一起被用来宰杀、祭祀，而且用羌人的数量超过用牲畜的数量。祭祀的范围很广，天神、地神、人鬼，都可以成为祭祀的对象，最常见的是祭祀祖先。最常用的祭祀方法有"伐"祭（砍头）和"燎"祭（焚烧），还有剁碎、血祭、活埋等。

考古发现，殷商时代人殉、人祭的实例相当多，在殷墟发现的就达6000人以上。商代的早期和中期，人殉时一般把人与狗埋在一起，迁到殷地后，才改成把人单独埋葬。已发掘的殷王陵和殷王室墓十五座，每座墓中殉葬几十人到几百人，中小奴隶主的每座墓殉葬一个到几个人。殉人分为全躯葬和身首异地而葬两种。全躯葬的殉人放在墓主周围，有的还备有薄棺和少数随葬品。这种殉人，多半是墓主生前宠幸的妻妾。身首异地的殉人放在墓坑填土中或墓道中。有的头骨与躯骨分别放置墓道中；有的是在墓坑中放头骨，墓道中放躯骨。这种身首异地而葬的殉人，与杀祭的牲畜没有什么差别。

在殷王陵陵区内到处都是祭祀坑。杀祭活动是多次进行的：既可以在埋葬死者的同时进行，也可以在死者去世后陆续进行，一般是死后追祭的多。1934-1935年，在1400号王陵附近发现了一片殷王室的公共祭祀场所，人牲坑中埋放着全躯人骨、无头的肢体、无肢体的人头，总数将近两千人。

殷商时代的宫殿、宗庙建筑，也都要使用人祭。从奠基、安门到落成，都要举行隆重的人祭仪式，连同牲畜、车辆，一齐埋在宫殿宗庙台基的内外。人祭最多的是小屯乙组第7号宫殿址，总共用了585人。

到两周时代，人殉、人祭制度还在继续流行着。根据《史记》、《左传》等史籍的记载，周武王讨伐纣王，鲁国季平子讨伐莒，郑文公讨伐鄎，楚公子弃疾灭蔡，都要使用人祭。秦武公、秦穆公、齐桓公、宋文公、晋景公、楚灵王、邾庄公等诸侯死后，都使用人殉，少的有几人、几十人，多的有177人。考古发现的两周时代的殉人墓有八十多座，共有200多人殉葬。诸侯、士和高级贵族的墓葬一般都有殉人，一座墓殉葬一到几人。殉人一般是青年女性和少年儿童，多数是处死后全躯入葬，有的有木棺，并有少量随葬品和佩饰。总的趋势是逐渐减少。

春秋末期以后，这种野蛮的习俗已经遭到社会舆论的反对。西汉中期以后，作为社会制度的人殉、人祭现象可能已经被废除。但由于封建礼教的倡导，"奴仆殉主、妻妾殉夫"被当做最高美德而长期残存下来，特别是表彰烈女殉夫事迹的历史记载一直不绝。明代皇室甚至公开推行人殉制度。这种封建社会的殉死，虽然与殷周奴隶社会盛行人殉人祭制度的性质有些不同，但是作为一种阶级压迫手段，同样凶暴残酷。

珍藏中国 **中国的陵墓**

▲ 殷墟宗庙祭祀坑内因祭祀殉杀的奴隶

  中国历史上的少数民族，如汉时的匈奴、汉晋时期的夫余、唐时的吐蕃、东女，以及入主中原前后的女真、蒙古族、满族，都推行过人殉、人祭制度，一次杀殉就有千百人，这说明人殉、人祭在中国各民族的历史发展过程中是有普遍性的。清朝康熙时代，汉官朱斐上疏请求禁止人殉，他认为"好生恶死，人之常情，捐躯轻生，非盛世所宜有"。康熙皇帝采纳了他的意见，在康熙十二年（1673年）明令禁止奴仆随主殉葬，从此才结束了这一残酷的习俗。

二　山含王气，地走龙蛇——陵墓建筑

二

山含王气，地走龙蛇——陵墓建筑

陵墓坟头

▲秦始皇陵高大的封冢

你知道吗？"坟"和"墓"的意思不一样，"墓"是指地下埋葬死者的洞穴，"坟"是指地上堆封墓穴的土丘。殷商时代，中原地区的墓葬都没有坟丘，也就是"墓而不坟"，就算是殷王、周王那样地位显赫的人死了也不会例外。

西汉末年有个叫刘向的人，他总结说："殷汤无葬处，文（周文王）、武（周武王）、周公葬于毕……皆无丘垄之处。"（《汉书·楚元王传附刘向传》）考古发掘证实，殷商时期的武官村大墓和妇好墓都没有坟丘。陕西咸阳毕原上周王陵那座很高的坟丘，应该是后代人给附加上去的。

孔子在守礼与忠孝两者之间选择了后者，他说："吾闻之，'古也墓而不坟'。今丘也东西南北之人也，不可弗识也。"孔子的话表明，古时候是只有墓而没有坟的。《礼记》在孔子的言语后，又记下了孔子的行为："于是封之，崇四尺。"春秋晚期，坟丘开始出现，但还没普及。所以，孔子给

二　山含王气，地走龙蛇——陵墓建筑

父母合葬墓添加封土时，信礼好古的他觉得很为难，只好以自己是到处游走的"东西南北人"为由，在情与礼的冲突中寻求平衡。

孔子尽孝，仅仅是在父母墓上增加了起标志作用的四尺高的封土。但他一贯宣扬的忠孝仁义，传到后世竟成了权贵们挥霍民脂民膏、奢侈厚葬的理论基础。

战国时期，坟丘式墓葬开始流行，打着"仁义"旗号的贵族们大肆营造坟墓，并当做是孝子的行为。这时，提倡节俭的墨子激烈抨击，说他们"棺

▲妇好墓

椁（guǒ 套在棺材外面的大棺材）必重，葬埋必厚，衣衾（qīn 被子）必多，丘垅必巨"（《墨子·节葬下》）。在现在湖北江陵楚都郢（yǐng）以及河北易县燕下都旧址发现的一批墓葬，都证实了这种情况。的确，战国时期坟丘盛行，有的大墓坟丘高度达到10—15米，远远不是孔子时代的四尺封土能够相比的。

坟丘墓盛行起来后，墓葬的名称也有了显著的变化。春秋以前，历史资料中墓葬的名称是"墓"，比如前面引用的《礼记·檀弓》；战国时期，墓葬通称为"丘墓"、"坟墓"或"冢（zhǒng）墓"。"丘"和"坟"原来的意思都是高起的土堆，而"冢"原来是指高起的山顶。用它们来称呼墓，是因为墓上堆起的封土像"丘"、像"坟"，更高大的甚至像"冢"。

坟丘都有些什么样子呢？关于帝王墓穴上方堆土成丘的形状和规模，有一套专门的制度叫封土形制。大型陵墓建造是中国封建伦理对孝道的一种规定，也是维护帝王对死后奢侈生活的安排。"厚葬以明孝"的做法起源于周礼，帝王陵墓封土形制从周朝开始，经历了"覆斗方上"式、"因山为陵"式和"宝城宝顶"式的演化过程。

"覆斗方上"式：就是在地宫上方用黄土堆成三阶逐级收缩的方形夯土台，形状很像倒扣的斗。沿用这种封土形制的朝代最多，从周朝一直延续到隋朝。后来宋朝又选用了这种方式。在使用这种封土形制的陵墓中，形体最大的就是秦始皇陵墓的墓冢。

"因山为陵"式：就是凿山建穴，将墓穴修建在山体里面，把整座山体作为墓冢，气势宏大，雄伟壮观。唐朝帝王陵墓常使用这种封土方式。例如在西安市西北方梁山主峰下的乾陵，就采用了"因山为陵"的方式。乾陵是中国历代帝陵中最特殊的一个，合葬着唐高宗李治和大周女皇帝武则天夫妻两人，一男一女两朝皇帝合葬一室，在全世界也是极其罕见的。墓前竖立着著名的"无字碑"，默默地向世人评说着一代女皇武则天的是非功过。

"宝城宝顶"式：就是在地宫上方，用砖砌成圆形或椭圆形的围墙，里面填入黄土再夯实，顶部做成穹隆状。圆形围墙称为宝城，穹隆顶称为宝顶。使用这种封土形制的主要是明、清两朝：明朝的宝城宝顶多为圆形，清朝的宝城宝顶大多是椭圆形的。

陵墓建筑

荀子认为儒家的"礼"就是讲究养生和送死的道理。在中国这块土地上，几千年来，每一个人从生到死都要受到"礼"的制约和笼罩。

汉代规定天子陵高12丈，这只是个大概数字，其实汉代各帝王陵的高度不尽相同。汉景帝的阳陵高14丈，汉武帝的茂陵高20丈，都超过了规定。对皇帝的要求不那么严格，对臣民就是另外一回事了。《汉律》中有这样的规定："列侯坟高4丈，关内侯以下至庶人各有差。"不仅规定了坟高等级，还规定了对违犯规定的人的各种处罚。

唐代对陵墓的高低也有等级规定。在626年，唐高祖李渊去世时，唐太宗下诏："山陵依汉长陵故事。"大臣们向唐太宗呈上文件请求降低陵墓的高度，太宗接纳建议，把高祖陵的高度降成了6丈。

唐代从太宗开始，沿用魏晋南北朝的墓葬方式，依山为陵，封闭墓室后，不漏形迹。这种陵墓更加宏伟壮观，同时防护效果也更好。

唐代对陪陵的高度作了明确规定，有特殊待遇的一品官坟高可到4丈，一般的一品官坟高1.8丈，二品1.6丈，以此类推，六品0.8丈。宋、明、清各朝对

▲霍去病墓—马踏匈奴

陪陵高度的规定基本沿用了唐代的制度。

古代坟丘的形式多种多样。到汉代，坟墓的等级不仅表现在坟丘的高度上，也表现在形制上。汉代认为方形是最高贵的，大多数的皇陵都是正方形覆斗式，只有汉高祖与吕后的墓是长方形覆斗式。汉朝皇帝对宠爱的大臣还会赐给墓地陪葬在皇帝陵园内。陪葬在汉武帝茂陵园中的卫青的墓像庐山，霍去病的墓像祁连山，象征他们的赫赫战功。尤其是霍去病，更是千年不遇的少年英才，他18岁就因为战功显赫被武帝封为冠军侯。也许真的是天妒英才，117年，只有24岁的霍去病因病逝世。汉武帝十分悲痛，命令匈奴人组成送葬队伍将他的灵柩从长安送到茂陵。在茂陵旁边按照祁连山的形状营造坟墓，墓前"马踏匈奴"的石像是他为国建勋的象征。在他墓地上还建了霍去病庙。我国传统的庙都是坐北朝南，而霍去病的庙却是坐南朝北，意味着他虎视眈眈地注视着北方匈奴人，爱国之心，至死不泯。

唐代的人也认为方形最高贵。皇陵大多是依山为陵，但从陪葬墓可以看出方形覆斗式坟墓比圆锥形坟墓等级要高。在方形墓中，双层台阶式的比单层台阶式的级别高。北宋时期，皇帝陵采用三层台阶式，皇后墓采用两层台阶式。明代的时候，把方形改成了圆形，从此方圆的等级差别消失了。清代的时候，把陵台改为前方后圆的形状。从明十三陵和清东陵、清西陵中，我们可以看出这种演变。

▲明十三陵长陵明楼

二 | 山含王气，地走龙蛇——陵墓建筑

▲明祖陵神道

最初墓地是没有石雕的，即便有也是对死者的缅怀，不分等级。比如西汉大将霍去病墓地的"马踏匈奴"石雕，也只是为了表彰他在击溃匈奴的战争中立下的赫赫战功。

表明墓主人身份等级的石刻群出现在东汉时期。那时，每年元旦，公卿百官都要汇聚朝廷举行朝贺仪式。光武帝去世后，明帝希望光武帝能继续看到这么盛大的场面，就亲自率领朝臣到光武帝陵园去举行仪式。为方便群臣进入陵区，陵园大门前开筑了一条通往陵园的大道，两侧出现了石人警卫，还设置了象征吉祥、驱邪避恶的动物石雕。臣子们纷纷仿效，墓前不仅有骆驼、狮子、马、牛、羊，甚至还有神兽，一方面意在"辟邪"，一方面祈求"大禄"。

唐朝帝王的石刻群从乾陵开始确定，陈列有华表1对、飞马1对、鸵鸟1对、石马5对、握剑石人10对、石碑1对、少数民族首领石像61尊，朱雀门前还有1对石狮子。臣子墓前的石刻与帝陵有严格的区别，以石羊、石虎为主，而帝陵是没有石羊、石虎的。宋朝基本沿用唐代的制度。到了明代，为加强帝陵前的驱鬼力量，陵前石刻加用了大动物和神兽。明孝陵前有狮、鹿、马、骆驼、大象、麒麟6种石刻。清代的东、西陵基本沿用了明代的制度。

中国的陵墓

自从陵前出现了石像群，整个陵区布局更像当时的都城，陵寝对称布置，有着庄严、肃穆的皇家气派，更加淋漓尽致地展现了皇权的至高无上，体现了封建社会"事死如事生"的礼制。

唐朝开始，陵区的神道加长，并确定了神道两侧的石像数量为18对。其中，高宗李治与武则天的乾陵神道最长，石像最多，在约八里长的神道上，除了传统的18对石人、石兽外，还有61尊臣服于唐朝的少数民族首领和外国使节的石像。明朝十三陵的陵园主神道长达14华里，祭祀建筑群为三进院，同时还在宝城宝顶前加盖方城明楼。

> **知识链接**
>
> 历代帝王陵墓的陵园建筑群由三部分组成：
>
> 第一部分是祭祀建筑群，建在墓冢前方，是一处封闭的方形庭院，院门叫祾恩门，院内建筑有主殿祾恩殿和两侧配殿；
>
> 第二部分是神道，是一条从陵园大门直通祾恩门的大道；
>
> 第三部分是为帝王守护陵墓的人居住的地方，称为护陵监。整座陵园以围墙环绕，像皇帝的宫殿一样，不得随便进入。
>
> 帝王的陵墓都是建在环境优美的地区，一座陵园就是一处天然的园林。在隋朝以前，陵园建筑以祭祀建筑与护陵监为主，神道比较短小，石人、石兽数量也比较少。其中汉朝的护陵监规模算是最庞大的，全国的官员、富豪都搬到陵区，为皇帝守护陵园。于是一个陵区就形成一个繁华的城市。

▲ 昭西陵

三 话说盗墓与防盗

珍藏中国 中国的陵墓

自古盗墓为何故

盗墓贼的身份是各式各样的，既有土匪、平民，也有王侯、官吏、军阀，而且他们盗墓都有各自不同的目的。

◆土匪盗墓为何故

土匪是中国社会的一种特殊群体，往往出现在社会黑暗、军阀混战、民不聊生的时期。他们盗墓，主要是为了收敛钱财、扩充军饷。

土匪一般都出身贫寒，几乎没有过过好日子。当了土匪，为了过上锦衣玉食的好日子，就开始盗墓。也有的土匪团伙经常被官府追剿，为了扩充武装军事力量来求得生存，也开始盗墓。明宪宗爱妃的万娘坟被盗，以及光绪皇帝崇陵被盗，就是土匪为了维持生活、扩充军力干的事。

土匪们的盗墓手段粗暴、残忍，被土匪们野蛮挖掘过的陵墓多数都会遭到巨大的破坏。

◆民间盗墓为何故

民间盗墓持续时间最长，数量最多，从社会出现贫富分化、等级差距就开始有了。民间盗墓的目的是五花八门：有的为了敛财而盗墓的，也有为了探究传说的长生不老术而盗墓的，还有为了寻找治病、美容秘方而盗墓的，甚至有为了文化而盗墓的。

▲钟繇

其中为了敛财而盗墓的比较多，这与我国的厚葬制度分不开。当权者不但生前享受着荣华富贵，死后还将许多奇珍异宝一起随葬。老百姓却生活贫苦，尤其是在天灾人祸、社会动荡的年代，百姓生活更是痛苦不堪。自然就有了民间盗墓敛财的现象。

董仲舒母亲的墓遭到盗掘，是因为盗墓者怀疑他把灵符秘方、阴阳秘籍藏在他母亲的墓里。绝代佳人杨贵妃的墓被盗，也是因为人们觉得她的墓里会有美容秘方。民间传说死者的尸体可以治疗四肢所受到的伤残，于是就有了为治病而盗墓的现象。

▲被盗古墓

我国古代还有一些书生、文人盗墓,他们盗墓不是为了钱财,而是为了随葬在墓中的传世的文学作品。东晋虞喜的《志林》中记载钟繇盗掘了韦诞的墓,是为了获得墓中著名书法著作《石室神授笔势》。韦诞活着的时候,钟繇多次找他借这本书,韦诞每次都拒绝。韦诞死后,钟繇就挖开他的墓盗走这本书。

民间盗墓虽然规模小,但是对陵墓的破坏程度比较大。

◆ 王侯盗墓为何故

在我国古代,王侯拥有一人之下、万人之上的权利,是社会地位最高的层次。他们身份显赫,过着锦衣玉食的生活,可是还要做出盗墓的丑事。这到底是为什么呢?

王侯盗墓的目的很多。有的王侯盗墓是为了收敛钱财,东晋末年十六国时期,后赵国的王石勒、王石虎兄弟俩盗墓,就是为了最大限度地聚敛钱财,目的非常单一。他们生存背景特殊,自小出身贫苦,少年生活坎坷,逐渐形成了视财如命的性格,对金钱有着狂热的贪欲。

有的王侯盗墓是为了筹集军饷,这种情况多发生在社会动荡、军阀混战的时期。他们盗墓筹集军饷,借以在诸侯争霸中谋求胜利。

有的王侯则是以修建陵墓、园林为幌子,盗取陵墓中的宝贵建筑材料,这是一种隐蔽的收敛钱财方式。三国时期,吴王孙权攻破长沙后,用吴芮墓中的棺木给他的父亲孙坚建庙。

有的王侯盗墓是为了发泄仇恨，这种情况多发生在一个朝代的开始时期或者军阀混战时期。第一种是为了国家的仇恨。由于前王朝的遗存力量与新王朝斗争对抗，新王朝统治者恼怒，就挖掘前王朝墓葬，鞭尸鞭坟。第二种是为了发泄民族仇恨。比如少数民族入主中原后，为了加强对汉族的统治，经常用偷坟掘墓的方式来震慑汉人。第三种是为了发泄家族仇恨。第四种是为了发泄私仇而挖掘对方祖坟，这种私仇大多是因为军阀混战、诸侯争霸而结下的。

▲伍子胥挖楚平王墓，鞭尸泄恨

有的王侯盗墓只是为了满足自己变态的嗜好心理。西汉广川王刘去把盗墓当成一种游戏，把盗墓过程作为一种享受。他一生中，盗墓无数。南北朝时期陈国的始兴王陈叔陵，自幼性格残暴，以别人的痛苦为乐。每次从墓中取出遗骨，或抛之荒野，或作为战利品把玩，从中获得极大的满足。

◆ 官吏盗墓为何故

官吏在我国古代处于上层社会，手中掌握着一定的权力。他们盗墓又是为什么呢？

官吏盗墓的目的可以说是各式各样。有的是为了复仇，有的是为了取悦当权者，有的是为了敛取钱财，有的是为了满足好奇心等。

官吏为了复仇而盗墓的，伍子胥就是一个典型。他是中国历史上有名的盗墓者，主要是因为与楚平王结下的仇恨。《左传》记载，伍子胥的父亲、兄弟都是被楚平王杀害的，他自己也被迫逃到了吴国。公元前506年，在孙武攻破楚国城池，成全了吴王"春秋五霸"地位后，伍子胥也有了报杀父兄之仇的机会。伍子胥盗掘了楚平王陵，并把楚平王的尸体挖了出来，用鞭子抽打,打到骨碎肉烂还不解恨,又命令士兵对楚平王的尸骨大肆践踏,直到尸体全部毁灭才罢休。

官吏为了取悦当权者而盗墓的现象,在宋徽宗时期最为突出。身为皇帝的宋徽宗喜欢古董到了疯狂的程度,尤其是喜好夏商周青铜礼器,被称作"古董皇帝"。为了迎合宋徽宗收藏古董的爱好,全国上下的官吏争相寻找,有的官员便通过盗墓寻找古董。

官吏为了敛取钱财而盗墓的,可以说不难想象。他们虽然有朝廷的俸禄供养着,但是经济实力与王侯们相比还是相差很远。为了过上更加奢侈的生活,他们会通过盗墓来敛取钱财。明朝陈奉盗掘了明显陵,就是为了盗取陵墓中的宝物,以满足自己对荣华富贵的追求。

官吏只是为了满足好奇心而盗墓的也存在。西晋刺史温放之盗掘干士燮(xiè)的墓,就是因为被王士燮墓极为阴森恐怖的怪异传说所吸引,他禁不住谣言的诱惑,为了满足自己的好奇心,就掘开坟墓想要看个究竟。

◆ 军阀盗墓为何故

军阀们手握兵权,拥有军队与大量兵器。他们以军队作为后盾,盗墓时大多是明目张胆的抢劫。那么他们盗墓是什么原因呢?

其实军阀盗墓的目的跟王侯盗墓的目的大同小异,无非也是为了筹集军饷、收敛钱财、满足自己的心理需求等。

大部分军阀盗墓都是为了筹集军饷。东汉末年的军阀董卓虽然官位很高,但是经济实力并不强大。他把持朝政后,掠夺了不少汉天子的财宝,但仍满足不了庞大的军事开支需要。当时十八路诸侯同时讨伐他,使他面临着很大的财政问题。为了满足军饷开支,取得战争胜利,他便盗掘了汉武帝的陵墓。

单纯为了收敛钱财,满足自己的金钱欲而盗墓的军阀并不多。这类军阀大多没有享受过荣华富贵,有着暴富心理,对金钱贪得无厌。大齐皇帝刘豫没有真正享受过皇帝的待遇,实际只是个名义上的皇帝,只能算得上是一个军阀。他盗墓就是为了收敛钱财,满足自己的金钱欲望。

为了满足自己特殊心理需要而盗墓的军阀也不多。唐节使温韬盗墓,既不是因为缺少军饷,也不是因为缺少金钱,只是为了满足自己强烈的好奇心。

珍藏中国 中国的陵墓

形形色色的盗墓工具

刚开始盗墓者没有专业的盗墓工具，就使用农具或日常工具。铁锹、铁铲、锄头等农用工具被用来挖掘洞穴，刀锯、斧头等日常工具被用来劈棺木。后来盗墓现象逐渐泛滥，在长期的盗墓过程中，盗墓工具也在不断改造、更新，慢慢发展成了专业的盗墓工具。

古代记载的盗墓工具，有经过改制的专门用来挖洞穴的铁铲、铁锹等，专门用来凿洞穴的铁锤、凿子、斧头等，专门用来开棺材用的撬杠、挑刀等，还有用来照明的皮灯、雪天特制蓑衣等。古代的许多绘画、书籍中也记载过一些专业的盗墓工具，比如有一种针对风天改造的灯笼叫"气死风"，防风效果很好。

到了近、现代，盗墓工具有了进一步发展，最具代表性的是洛阳铲的发明与使用。

传说发明洛阳铲的是河南洛阳附近农村的盗墓贼李鸭子。一次偶然的机会，李鸭子看见路边有人为了插棚杆用一把筒瓦状的短柄

▲洛阳铲（长）和手铲

铁铲子在挖洞，铲子往地下用力一戳，提起就带出不少土来。他灵感大发，就把这种铲子改造成了自己盗墓用的工具。使用洛阳铲盗墓非常便利，这一"发明"受到热烈欢迎，很快在各地盗墓者中普及，成为盗墓的专用工具。后来，一些考古学者也开始使用洛阳铲来探测墓葬，洛阳铲的身份又由盗墓工具摇身一变，成了一种考古工具。

较常见的洛阳铲铲头长30厘米，直径6厘米。装上富有韧性的腊木杆或接上绳子后，洛阳铲甚至可以打入地下十几米，提起后，铲头的内面会带出一筒土壤。通过对土壤的结构、颜色、密度和包含物的辨别，可以判断出土质以及地下有无古墓葬等情况。

此外，盗挖的墓不同，使用的洛阳铲也不同。盗汉墓一般用重铲，盗唐墓一般用扁铲。在长期的盗墓使用过程中，洛阳铲得到不断改进，种类增加了，构造也变化了。为了使用更加方便，盗墓者把原来的长木柄换成层层相套的短钢管，更有些盗墓分子还将洛阳铲改装成了电动式的。

目前，洛阳铲不仅是考古专用工具，还在建筑、公路、铁路、矿山等领域里发挥着重要的作用。

近现代的盗墓者除了运用洛阳铲，还将其他先进科学技术应用到盗墓上。如炸药、雷管、探地雷达、金属探测仪、气体分析仪、巨型铲车、地面卫星定位系统等，都被运用到了盗墓行为中。

▲盗墓探测仪

盗墓"遭报应"的逸闻趣事

盗墓行为自古就被人们看作是一种见不得人的勾当,是伤天害理、违逆人伦的缺德事。人们对这种行为也非常痛恨。因此社会通过法律之外的各种形式和手段,对盗墓者进行谴责,甚至祭出"诅咒"的杀手锏,给盗墓者设计出了"遭报应"的人生结局——盗墓者多不得好死。从此报应之说就成了古代民间对盗墓者最为厉害的惩罚方式。

◆意外死亡

《异苑》卷7中有一则"温放之开冢"的故事:苍梧王士燮的坟墓时常有怪异的现象,墓上常会有雾罩着,从汉朝到东晋历经战火几百年,就因这些怪异现象许多盗墓者都没能成功盗墓。晋兴宁年间,身为太原刺史的温放之不信邪,偏偏要掘开王士燮的墓,看看里面到底有什么鬼怪。结果在回来的路上从马上跌下来,活活摔死了。

◆患上恶疾

《搜神记》卷15里记录了一个关于广川王盗墓的故事:刘去疾爱好盗墓,他去盗栾书墓时,棺椁及随葬品已全部腐烂了,只见墓中跑出一只白狐狸,看到人便惊慌地逃走。刘去疾手下的人就去追白狐狸,没有抓到,只是将白狐狸的左爪弄伤了。回家后,刘去疾当晚就梦见一个白胡子老人对他说:"为什么打伤我的左脚?"说着就用手杖敲打刘去疾的左脚。结果刘去疾醒来后,发现左脚红肿起来,生了烂疮,到死也没治好。

▲项羽掘秦王墓

故事中的广川王叫刘去疾(《汉书》称"刘去"),是汉武帝刘彻的哥哥刘越的孙子。刘去疾"好聚无赖少年,游猎毕弋无度,国内冢藏,一皆发掘"。盗墓后患上了烂疮恶疾,这正是印证了民间的"报应"一说。

◆丢掉江山

历史比较著名的"报应"发生在楚霸王项羽身上,最后导致项羽丢掉了江山。

《汉书·楚元王传》(卷36):"项籍燔(fan焚烧)其宫室营宇,往者咸见发掘……自古至今,葬未有盛如始皇者也,数年之间,外被项籍之灾,内离牧竖之祸,岂不哀哉。"

自古人们都痛恨盗墓行为。项羽盗掘秦始皇陵是真是假,到现在还是个谜。但刘邦借此恶搞项羽,给他列了"十大罪状",其中一条就是挖掘秦陵。这大大损毁了项羽的形象,笼络了人心。当时,刘邦并不是项羽的对手。经过这一番对项羽的诋毁,改变了社会民众对项羽的看法,而且项羽军营内部也出现了分裂。多场战役之后,当初不可一世的西楚霸王最终无颜面对江东父老,自刎在乌江边。

刘邦和他身边的谋士太善于利用人心了。在人们心目中,不管秦始皇的暴政怎样严重,盗掘陵墓的行为,还是会被看成是大逆不道的,这样项羽自然不得人心。"失人心者失天下",项羽最终败给了刘邦。借项羽盗掘秦陵的事大做文章,刘邦捡了个天大的便宜。当了皇帝后,他严禁人们盗墓。

◆子孙不兴

三国时的曹操,一生中盗墓次数很多。人们都说,由于他盗墓得罪了鬼神,做的错事太多,遭到报应,所以魏国国运不济、曹操子孙不兴。

那个时期盗墓现象比较猖狂。当时社会动荡不安,战事连连,民不聊生,人们经常盗墓,把盗来的财物作为生活来源。知道曹操对盗墓有多么重视吗?你肯定想不到,他还在军中成立了中国历史上第一个专营盗墓的机构,设置"发丘中郎将"、"摸金校尉"等官职。梁孝王陵就是曹操盗掘的名陵之一。

梁孝王叫刘武,是汉文帝刘恒的小儿子、汉景帝刘启的同母弟弟。他的陵墓豪华,陪葬丰富。据说在曹操盗掘之前,已经被盗过一次,但曹操还是盗得了大量财宝。史书上对曹操的盗墓行为还有具体记载:打开陵墓后,他亲临现场,指挥取宝。据说,曹操只靠这一次盗掘的财宝,就养活了他的全军将士三年,可以想象盗得的财宝数额有多么巨大。

曹操凭借着盗墓得来的不义之财,占着天时地利,在三国鼎立时期出

珍藏中国 中国的陵墓

▲ 曾遭曹操盗掘的梁孝王陵

尽了风头。后来他儿子曹丕受禅称帝，正式成立魏国，终于夺得汉朝刘家天下。但遗憾的是，魏国命运非常短暂，只有46年。所以人们认为曹家子孙不旺、魏国如此短命，都是对曹操盗墓罪恶的报应，并且作为讨伐曹操的一条理由。这也正反映了人们对盗墓行为的痛恨。

◆家破人亡

袁枚在《子不语》卷9《掘冢奇报》中，记载了这样一件事：杭州有一位靠盗墓发家的朱某，见识广博，经验丰富，一生盗墓无数。他很迷信，盗墓前喜欢占卜问卦，向神灵咨询吉凶。有一天，朱某盗墓前去占卜时，岳王显灵说："你盗墓取死人之财，罪恶超过了一般盗贼，如果再不悔改，我将把你斩杀。"朱某听完，吓得半死，从此就洗手不干了。

一年后，朱某因被钱财迷惑又想去盗墓，他的同伙劝说他再去占卜一卦看看神灵的意思。西湖水仙告诉朱某，在某塔下有一口石井，井的西边有一富人家的坟地，去盗墓可掘得千金。朱某一听便动心了，不顾先前岳王的警告，与同伙前去盗墓。朱某经神灵指点才找到墓地。掘开石井后发现，下面有一副石质大棺材，六、七个人根本扛不出来这么重的棺材。当时传说净寺僧诵咒能将棺材打开，所以就请来和尚帮忙，并许诺一起分配盗得的财物。结果棺材打开后，和尚竟然被墓穴中的怪物吃掉了。第二天寺庙里的人没有找到跟朱某去的和尚，都认为是朱某害死了和尚，便去官府告发。结果朱某因为这个官司弄得家破人亡。他自己悔恨不已，在狱中上吊自杀了。

◆官司缠身

唐玄宗时期，有一个很有名的外戚叫韦坚。他妹妹是太子妃，他自己是宰相李林甫的表妹婿，唐玄宗任命他为陕西太守、水陆转运使，地位相当显赫。

韦坚担任水陆转运使的时候，渭水曲折淤浅，漕运很不通畅。他便亲自主持征调民工，在咸阳（今陕西省咸阳市）兴修水利，又在禁苑东面修筑望春楼，在楼下开凿广运潭以通漕运，让每年到江淮载货的船舶都到广运潭集中，以博取皇帝的欢心。

本来兴修水利是一件利国利民的好事，可是在开凿河道时破坏了很多民冢，闹得民怨极大。韦坚不仅没能讨得唐玄宗的欢心，反而还让李林甫抓住了他在开凿河道时破坏民冢这一把柄，乘机栽赃嫁祸，弄得韦坚官司缠身，最终被李林甫害死了。

◆战事不利

从中国盗墓史上来看，自古军人盗墓也很常见，而且盗墓的军人都没好下场，大多会遭到报应。北宋时志怪小说《稽神录》中《太平广记·墓冢二》（卷390）：丙午年间（1126年），江南的军队包围了留安。但是军队纪律涣散，士兵们的心思不在打仗上，到处挖坟掘墓、寻找财宝，将领对士兵们的盗墓行为都无法管制。其中有个监军使叫张匡绍，他手下的两个士兵盗掘了城南的一座坟墓，得到一个椰子壳做的杯子，献给了张匡绍，并告诉张匡绍，当时打开那个坟墓时，看见有个穿绿衣的人躺在墓内，像活人一样，因为害怕没敢动。而且里面也没有什么珍宝，唯独就有这个杯子。意外的是，当这两名士兵回到驻地时，那个绿衣人竟然已经坐在军营里了，而且一天之内人们见了好几次。当时人们就认为这兆头不吉。过了一两天，这两名士兵全都战死了。

除了上面所说的几种报应，还有"天打雷劈"等诅咒惩罚恶人的说法，同时也是为了劝诫盗墓者"回头是岸"。所以许多害怕遭报应的盗墓者都洗手不干了，有的还把盗来的财宝送回墓中。

"报应"是一种文化现象，在盗墓者身上出现的这些"遭报应"现象，是民间人们对恶人的一种诅咒。

珍藏中国 中国的陵墓

五花八门的防盗措施

古代社会人们相信灵魂不死的说法，认为死是生的延续，只不过是到另一个世界生活去了。所以权贵们死后要厚葬，要继续享受荣华富贵。厚葬风气越盛行，盗墓现象越猖狂。盗墓贼在盗墓过程中不仅拿走财宝，有时还对死者尸体大肆破坏。虽然当时有一些法规，但是很难彻底制止盗墓活动。为了使陪葬品不被盗墓贼盗掘，并保证死者遗体不被破坏，人们采用了各种能想到的办法来防盗。

◆薄葬法

有些人看到别人陵墓被盗、尸骨遍野的惨状，认识到厚葬的危害。他们死后，以薄葬来保证尸骨的安全、完整，以及灵魂的安宁。薄葬的措施很有效地防治了陵墓被盗现象，但是却不能满足死者死后继续享受荣华富贵的愿望。所以很多人还是不愿意采取薄葬的措施。

▲镇墓俑

◆秘葬法

第一种是迷惑的办法。帝王去世后，城楼的四个城门都打开，送葬的队伍从四个方向出去送葬，这样人们就被迷惑，不知道这些帝王陵墓的真正埋葬位置，减小了被盗的可能。曹操死后，同时有72支送葬队伍从不同的城门向不同的方向走去，盗墓贼根本不知道哪支是真，而曹操被埋的地方也就很难清楚了。

▲威武的镇墓兽

第二种是杀人的办法。为了让陵墓的地址保密，就杀害修墓工匠，从而断绝陵墓地址的消息走漏。比如秦二世在埋葬秦始皇时，为了守住有关陵墓的秘密，就封闭墓室，残忍地把参加墓室修建的工匠们全部活埋在墓室里面。

第三种是造假的办法。为了不让人们知道帝王陵墓的秘密，设置疑冢假坟。有的"疑冢"甚至设置在水中。民间传说曹操有"疑冢"多达72处。泉州民间也曾传说，施琅将军共有7处"虚墓"，分别位于泉州的几个古城门口。

◆ 恐吓法

墓葬里面经常弄一些镇墓兽、镇墓俑、镇墓武士，用来镇压地下魔鬼和妖魔，保护死者灵魂不受侵犯。同时也可以对盗墓贼起到一种心理恐吓的威慑作用，让他们不敢盗掘。

为了防止墓葬被盗掘，有的还在墓道口、棺材上方或墓室顶等地方写一些咒语，用来恐吓盗墓者。资料记载，山东济宁汉墓就有石刻防盗咒语"诸敢发我丘者令绝毋户后"，意思是谁要是敢来挖我的墓，就让他断子绝孙。

◆ 陵墓加固法

尽可能加固陵墓的防御，增加盗墓者进入的难度。徐州龟山的汉墓依山为陵，全部是人工打凿在一个完整的花岗岩石山里面。打凿进去一个坑道，在坑道的尽头弄一个墓室，在坑道中间弄三道非常厚的石门，这就增加了盗墓者进入墓室的难度。

唐高宗与武则天的合葬墓唐乾陵也是依山为陵建筑的，而且地宫的门用石条层层铸成，缝隙处用铁水浇灌，使墓门与整个山体融为一体。这样加固陵墓的方法使唐乾陵免于被盗。

宋、明两朝以来，民间还出现了一种以"三合土"整体浇筑墓穴的方法。墓穴用石灰糯米浆、三合土等一层层浇灌，增强了墓葬的密封和防盗性能。最典型的例子是元末明初张士诚母亲的墓葬，从里到外用三合土、泥沙浆、碎石等浇筑了十多层，使盗墓者难以盗掘。

◆ 机关暗器法

在墓中设置机关暗器，也是陵墓防盗的手段之一。盗墓贼进入墓室中碰到某一机关或是过某一门槛就会被一些暗器所伤。

春秋战国时，就有了用"集沙"防盗的方法。比如在河南辉县的魏王墓，棺椁固定以后，便往墓坑内填满流沙。唐朝李弘的恭陵也是用流沙回填的，因此避免了被盗掘。流沙积墓是一种很好的防盗措施。盗墓贼如果企图采用挖掘盗洞的办法进入墓室，那么他刚挖出一个洞，流沙便会马上将这个洞重新填满。要想进入墓室，除非把整个墓室内的积沙掏完，但那几乎是不可能的。

▲定陵地宫金刚墙

还有一些陵墓用各种各样的碎石，附在墓室上面，如果盗墓者从装有碎石这个坑的墓道进去，碎石就会塌下来，把盗墓者压死。

还有一些关于古代帝王墓葬的传说，比如说墓葬中设置了暗弩张弓、翻板机关或者毒气等，都属于古代陵墓的防盗措施。

四 走进五千年帝陵

中国的陵墓

传说中的帝王之陵

文明始主伏羲氏太昊陵

长江上游的第一座城市是哪儿呢？那是——提到伏羲氏太昊陵，就让我们首先想到的是有关伏羲氏的神话传说。

传说伏羲氏是人首蛇身，有许多怪异的事迹，最著名的见于唐朝李冗撰《独异志》中所记伏羲、女娲以兄妹而为夫妇创造人类的故事。《独异志》卷下："昔宇宙初开之时，只有女娲兄妹二人，在昆仑山，而天下未有人民。议以为夫妇，又自羞耻。兄即与妹上昆仑山，咒曰：天若遣我兄妹二人为夫妇，而烟悉合，若不，使烟散。于烟即合，二人即结为夫妇。"这就是伏羲女娲造人的传说。

在徐旭生《中国古史的传说时代》第六章中，清初陆次云的《峒溪纤志》中里面说：苗人腊祭曰报草。祭用巫，设女娲、伏羲位。现代的人类学者实地考察后，才得到这些苗族的传说。按他们的传说，苗族全出于伏羲与女娲。他们本来是兄妹，人类在遭到洪水后，只有他们二人存活。为了延续人类，他们就结为夫妇，繁衍后代，才有了现在的人类。应该说，伏羲才是人类的父亲，而开天辟地的盘古，对于伏羲来说，只是创造了伏羲，并

> **知识链接**
>
> 伏羲氏也叫做包羲氏，被称为我们文化起源的"人文初祖"。孔子在他研究《易经》的心得报告《易经·系辞》（下传）中有下列记叙："古者包羲氏之王天下也，仰则观象于天，俯则观法于地，观鸟兽之文与地之宜，近取诸身，远取诸物，于是始作八卦，以通神明之德，以类万物之情。"伏羲发明八卦以后，人类文明才慢慢开始。上古时代没有文字，伏羲发明了结绳记事，教人用网捕鱼、用罟（gǔ）行猎的方法。传说他还发明了五十弦的瑟，并作《驾辩》乐曲，被誉为"百工先"。人们称他"圣德"，道出了后世人们对伏羲的景仰。

四　走进五千年帝陵

不是创造了人类。

太昊陵，即"三皇之首"太昊伏羲氏的陵庙，居中国十八大名陵之首，位于河南省淮阳县城北1.5千米，是国家级重点文物保护单位。陵区占地面积为875亩，规模宏大，肃穆庄严。开始建造是在春秋时期，盛唐时增加建制，到明清时期完善。经历3000年，历代帝王51次御祭；1997年6月26日，当时任国务院副总理的朱镕基参观太昊陵后，为太昊陵题写了"羲皇故都"四个大字。太昊陵是中华民族"人文始祖"的陵庙，所以称为"天下第一陵"。

太昊陵以伏羲先天八卦的数理兴建，是中国帝王陵庙中大规模宫殿式古建筑群的孤例。全庙南北长750米，占地875亩，分外城、内城、紫禁城三道"皇城"。全陵有三殿、两楼、两廊、两坊、一台、一坛、一亭、一祠、一堂、一园、七观、十六门。几十座建筑主要贯穿在南北垂直的中轴线上，如果把南北大门层层打开，可从南面第一道门直望紫禁城中太昊伏羲氏的巨大

▲太昊陵统天殿

▲太昊陵松柏造型公园

陵墓，号称"十门相照"。

太昊陵陵园的建筑布局是以陵墓为中心，中轴线上由南向北的建筑主要有：午朝门、玉带桥、道仪门、先天门、太极门、统天殿、显仁殿、太始门等等，在太极门内还有钟鼓楼等建筑。在内外城之间还增设了与伏羲制八卦有关的道家文化内容的建筑。在统天殿和显仁殿之间的外侧，东面有三观：岳飞观、老君观、元都观，另有火神台；西面有四观：女娲观、玉皇观、天仙观、三清观。

陵墓的后面是"蓍（shi）草园"。《淮阳县志》记载："太昊陵后有蓍草园，墙高九尺，方广八十步。"是淮阳的八景之一"蓍草春荣"。传说伏羲就是根据白龟龟背图案，采来蓍草"揲（shé）蓍画卦"，创下了先天八卦，所以被称为"神蓍"。据说全国只有三处生长这种草：一处为山东曲阜，一处为山西晋祠，再就是太昊陵了。因为这种草稀有，历代帝王每当春秋二季派人前去朝拜人祖，返京复命时都必须带回一束蓍草作为到了太昊陵的信物。

陵区有古柏108株、古槐2株、古檀3株，新植松柏数千株。在陵区的东南隅，有一座被称为"淮阳独秀"、"华夏一绝"的松柏造型公园。公园建于

1957年，有各种松柏造型200多种。这是太昊陵的另一景观，令游人流连忘返。

人文始祖祭祀活动绵延千年历久不衰，每年的农历二月初二到三月初三，世界各地几百万人涌向淮阳县太昊陵庙朝圣伏羲。农历每月初一、十五，均有盛大祭祀活动，以"单日参拜人数最多的庙会"被上海大世界吉尼斯总部载入吉尼斯世界纪录。太昊陵庙会成为中国规模最大、最古老的民间庙会。太昊陵人祖祭奠已经被入选为国家非物质文化遗产。

太昊陵以其独树一帜的建筑风格、气势恢宏的建筑群体、博大精深的文化内涵，令人肃然起敬，叹为观止。清朝雷方晓在一首诗里写道："宛上龙蟠面碧湖，岿然岳峙一陵孤；功开天地规模大，道冠皇王气象殊。"年过八十的台湾同胞方雅初先生无限感慨地赋诗："朝思暮想妻子女，梦里同游太昊陵。"

农耕文化创始人神农氏炎帝陵

神农氏炎帝陵在湖南省株洲市炎陵县城西17千米的鹿原镇境内。这里古树参天，景色秀丽。

炎帝晚年时为民治病，误食了断肠草，不幸身亡。死后被葬在长沙茶乡之尾。他在位一百四十年，子孙共传八世，历时五百六十年。

炎帝陵风景名胜区位于湖南省炎陵县城西19千米的鹿原陂，陵区面积5平方千米，现在是全国重点文物保护单位和全国爱国主义教育示范基地。

炎帝陵开始建造时，是在北宋乾德五年（967年）。宋代以后曾经多次在战乱和火灾中损毁，明、清以后历代都有所修葺，规模不断扩大。现

▲炎帝神农尝百草

中国的陵墓

在的炎帝陵是1988年重新修复的，建筑仍然按前代式样，但规模有所扩充。炎帝陵的建筑共分五进：第一进为午门，门内有丹墀，左右两侧有碑房，碑房内立有历代石碑；第二进为行礼亭；第三进为重檐歇山顶的正殿；第四进为墓碑亭，亭里竖立石刻墓碑，碑上写着"炎帝神农氏之墓"；第五进为炎帝陵寝宫。

▲炎帝陵

为了怀念神农氏开创原始文明的功德，千余年来，人们建了许多有关他的遗迹。到目前为止，已恢复或新建开放的自然、人文景观20多处，主要有炎帝陵殿、御碑园、皇山碑林、天使公馆、圣火台、神农大殿、朝觐广场、神农大桥、白鹭亭、崇德坊、鹿原陂、龙垴石、龙爪石、洗药池、邑有圣陵等自然景观，都是引人入胜的地方。

炎帝陵是炎黄子孙寻根谒祖、旅游观光、研究炎帝文化、开展爱国主义教育等多种活动的胜地。1986年整修以来，大、小祭祀连年不断。1983年"炎黄杯"世界华人华侨龙舟系列赛在炎帝陵举行取圣火火种仪式；1993年，炎帝陵被湖南省人

> **知识链接**
>
> 炎帝神农氏，是我国上古时代杰出的部落首领，农耕文化的创始人。是我国传说中的三位文明始祖之一。相传炎帝神农氏人首牛身，姓伊耆，名叫石年。因为在姜水生长，又说他姓姜，号烈山氏或厉山氏。因为他是火德王，所以又称为炎帝。传说他始作耒耜，教民耕种；遍尝百草，发明医药；日中为市，首倡交易；治麻为布，制作衣裳；弦木为弧，剡木为矢；作陶为器，冶制斤斧；削桐为琴，练丝为弦；建屋造房，台榭而居。炎帝神农氏缔造了我国最早的文明，为社会生产力的发展和中华民族的繁荣昌盛作出了不可磨灭的贡献。几千年来，炎帝神农氏与黄帝轩辕氏一道被尊称为中华民族的始祖，受到普天下炎黄子孙的世代敬佩。

民政府批准为省级风景名胜区；1996年，国务院批准炎帝陵为国家级重点文物保护单位；同年，中宣部确定炎帝陵为全国百个爱国主义教育示范基地之一；1998年，炎帝陵被评为湖南省最佳旅游景区；1999年，炎帝陵被评为湖南省模范景区；2000年，中华全国归国华侨联合会确定炎帝陵为爱国主义教育基地。

炎帝陵现在已经被国务院定为全国重点文物保护单位。作为海内外炎黄子孙景仰怀念的圣地，与北方的黄帝陵南北遥相辉映，吸引着海内外前来朝拜的游人。

人文初祖黄帝陵

黄帝陵在陕西省中部黄陵县城北的桥山顶上，距县城约一千米，是中华民族的祖先轩辕黄帝的陵园。黄帝陵古称为"桥陵"，是中国历代帝王和著名人士祭祀黄帝的场所。1961年，国务院把黄帝陵列为第一批全国重点文物保护单位，编为"古墓葬第一号"，号称"天下第一陵"。景区面积3.3平方千米，分为陵墓区和轩辕庙两部分。

黄帝在炎帝之后，统一了中国各部落，是原始社会时期的部落首领。黄帝是少典的儿子，姓公孙。因为在姬水长大，又姓姬。因出生在轩辕（今河南省新郑市西北），所以叫轩辕氏。因曾经在有熊（今河南新郑）创业、建都，所以又叫有熊氏。

▲人文初祖黄帝

珍藏中国 中国的陵墓

▲ 黄帝陵

▲ 黄帝手植柏

在神话传说故事中，本领最大、发明最多的人就是黄帝。据说，黄帝族和炎帝族，最早居住在陕西。后来黄帝族定居在河北涿鹿附近，炎帝族到了山东地区。以蚩尤为首领的九黎族主要在山东、河南和安徽一带。传说炎帝族和九黎族为了争夺黄河流域一块肥沃的土地，发生了一次战争。炎帝族战败，向黄帝族求援，从此黄、炎两族合并。根据神话传说，黄帝族、炎帝族和九黎族三个部落，逐步以黄帝族为主，相互融合，黄帝就成了我国多民族的共同祖先。后来，各族都自认为是黄帝的后代，称为"炎黄子孙"。

桥山有沮水环绕，群山环抱，山下有大路直通山顶陵前。山上有八万多棵千年古柏，四季常青，郁郁葱葱。轩辕黄帝的陵冢就深藏在桥山巅的古柏中。陵冢高3.6米，周长48米。通往陵区的石道边树立了一块石碑，上面写着"文武官员至此下马"。古代凡是来祭陵的人无论什么身份，到这里都要下马，然后步行到陵前。因此，这块石碑也被称为"下马石"。

进入黄帝陵园东门，走不了几步，左侧便是一座24米高的夯筑高台，台旁立着一块石碑，上面写着"汉武仙台"四个字。传说汉武帝征朔方回来的时候，在这里祭黄帝，筑台祈山，所以叫"汉武仙台"。黄帝陵前有一座祭亭，祭亭中央的高大石碑上刻有郭沫若题的"黄帝陵"三个大字。祭亭后的一块石碑上刻着"桥山龙驭"四个字。

黄帝庙在桥山东南麓，呈四方形，庙门朝南，气势雄伟，门上写着"轩辕庙"三个大字。汉代建轩辕庙时在桥山西麓，宋太祖时将庙迁到东南麓。轩辕庙总占地面积26亩。庙院内的主要建筑沿南北轴线顺次排列为庙门、诚心亭、碑亭和人文初祖大殿。大殿位于黄帝庙的最后，是一座单檐歇山式建筑物，面宽七间。大殿门额上悬挂着写有"人文初祖"四字的大匾。大殿中间安放着巨大的黄帝牌位，上面写着"轩辕黄帝之位"。

> **知识链接**
>
> 黄帝为五帝之首，推行仁政，平定蚩尤之乱，深受人们爱戴。他推算出了历法，以十天干配合十二地支用来纪年，从甲子到癸亥，共六十年为一周期，也就是道教的六十元辰。他教会了人们种植庄稼，先后发明了文字、图画、音律、著书、乐器、医术、算术、制陶、酿酒、造船、指南车、祭祀、婚丧、棺椁、坟墓、祭鼎、祭坛、祠庙、占卜等，同时也让人们学会了养蚕。因此，人们将他尊为中华民族的"人文初祖"。也就是说，从他开始，中华民族便进入了文明社会。

自古黄帝陵一带就有八景的说法：桥山夜月、沮水秋风、黄谷黄花、北岩净雪、龙湾晓雾、凤岭春烟、汉武仙台、轩辕古庙，其中轩辕古庙是桥山风景最有名的一处。

轩辕庙院内有古柏13株，其中最引人注目的是两株高大柏树。一是"黄帝手植柏"，传说是黄帝亲手种植的，到现在有四千多年的历史了。巨柏高19米，树干下围10米，有谚语称它"七搂八扎半，疙里疙瘩不上算"，被誉为"世界柏树之父"。另一株高大柏树传说是汉武帝"挂甲柏"，又叫"将军柏"。庙内有一个碑亭，存有古今碑石50多座，内容主要是历代帝王的"御制祭文"和历代修葺陵庙的记载。院内还有"黄帝脚印"和"夸父追日石"等景观。

"中华开国五千年，神州轩辕千古传题。创造指南车，平定蚩尤乱，世界文明唯有我先。"这是孙中山先生在黄帝陵写的祭词。作为炎黄子孙的我们，为中华五千年文明而骄傲。

陶唐氏帝尧陵

传说唐尧曾在平阳（今山西临汾）建都，所以人们在这里为尧王建庙、建陵。古帝尧庙在临汾市南约3千米处，是山西省重点文物保护单位。尧庙是在西晋时开始建造的，距今有1700多年历史。旧址在汾河以西古平阳城，西晋元康年间迁到汾河东岸，唐高宗李治显庆三年（658年）迁到城南现在的地址。历代修葺，屡遭战乱，尧庙棂星门、仪门已毁，现存山门、五凤楼、广运殿、寝宫等。此外，尧庙内还有距今已1600余年的汉代奇树柏抱槐、柏抱楸、鸣鹿柏、夜笑柏等景观。庙院内还有10多座石碑，上面记载了尧王的丰功伟绩。尧庙是一座集丰富历史文化和五千年文明史的国祖庙，俗称"三圣庙"，是中国专门纪念尧、舜、禹三位先祖的庙宇。

▲尧帝

山门正中门额嵌"古帝尧庙"四字。进了尧庙，正面耸立着五凤楼，原名光天阁，意思是光明天下。传说尧王经常同他的四个大臣登楼远眺，当时人们把他们五人比喻成"五凤"，并有"一凤升天，四凤齐鸣"的说法。"五凤楼"的名字就是这样来的。五凤楼是唐代乾封年间开始建造的，距今已有1300多年的历史。顶上脊饰陶俑31个，人物栩栩如生。

穿过五凤楼，后面是尧井亭，为六角高檐楼阁形式。尧井亭是东晋太宁年间建造的，距今已有1600多年的历史。亭中水井据说是尧王亲手挖掘的，启示我们饮水思源，不忘尧帝功德。

广运殿也叫尧宫，是召见大臣们商议国家大事的地方，也是庙内的主体建筑，在唐显庆三年兴建，到现在已经有1300多年的历史。殿高23米，通进深26.3米，通面宽43米。殿内有12米通顶立柱42根。柱下石基座雕刻精细，狮子、麒麟栩栩如生，各式花卉争奇斗妍，实在是国内罕见。取名"广运殿"意思是用"广"象征天、"运"象征地。殿前彩楼两旁悬挂的"民无能名"四个大字，出自《论语·泰伯》，意思是说尧帝功德无量，人们简直不知道

四 走进五千年帝陵

该用怎样的语言来赞颂他。

古帝尧陵位于临汾市东，郭行乡北郊村西，距市区35千米。尧陵依山傍水，建在山脚下一个半岛形的岩石丘上，河水环绕，岩崖下潺潺西流。陵丘高50米，周长330米，古柏葱茂，世称神林。据说古时候尧王死时，百姓非常悲痛，埋葬帝尧的当天，成千上万的民众挥泪送葬，不约而同地从四面八方赶来，人们背着、抬着、担着黄土走到墓地，堆土成陵。

尧陵祠宇兴建的年代没有详细记载，根据金代碑文，唐太宗李世民征战时曾在这里屯兵，祭扫帝尧。唐初改建陵园祠宇，并在配殿之中塑唐太宗像，宋、元、明、清历代修葺。陵东三里有下马庄，再东三里有上马台。祠内有山门（门上为乐楼）、牌坊、厢房、献殿、寝殿、碑亭等建筑。布局紧凑，木雕精细，红墙绿瓦，周围是清流古柏，相映成画。祠内碑碣十多座，记载着尧王功绩与陵宇沿革。现存的尧陵和祠宇规模虽不太宏大，但布局严谨，环境优美。

> **知识链接**
>
> 尧，是我国古代传说的圣王，出生在唐地伊祁山，姓伊祁，名放勋，号陶唐氏，历史上称为唐尧。他是我国古代传说中父系氏族社会后期部落联盟的领袖。他在位时期的生产力比伏羲、神农、轩辕三个文明始祖时期大有发展。传说他曾命羲和掌管时令，首次制定历法。这样，劳动人民就能够依时按节从事生产活动，不会耽误农时。传说唐尧在帝位70年，90岁禅让给舜，118岁时去世。尧的传说最为人们称道的，是他不传子而传贤，不把天子位当作私有，禅位给舜。传说尧和舜是我国古代早期历史上贤明的帝王，因而人们往往用"尧天舜日"来比喻理想中的太平盛世。

1986年，尧陵被国家确定为山西省重点文物保护单位。2006年5月25日，尧陵作为明、清古建筑，被国务院批准列入第六批全国重点文物保护单位名单。

▲ 尧庙

珍藏中国 中国的陵墓

有虞氏帝舜陵

　　舜陵位于湖南省宁远县城南三十千米的九疑山。九疑山，也叫九嶷山，又称苍梧山，因为山上有九峰而得名。据《史记》记载，舜帝南巡时在苍梧田野去世，就葬在九疑山。传说尧的两个女儿娥皇、女英一同嫁给虞舜为妃，知道舜外出巡视死在苍梧，她们姐妹二人就赶往南方，也死在那里。后人把舜陵前的两个山峰取名娥皇、女英。传说她们哭泣的眼泪染在竹子上留下斑点，称为"潇湘竹"。舜陵是中华民族尊祖祭舜的圣地，是我国有记载的始祖陵中最古老的陵墓，是国家重点文物保护单位、湖南省爱国主义教育基地、湖南省十大文物遗产之一，舜帝陵祭祀被列为湖南省首批非物质文化遗产。

▲ 舜帝陵拜殿

四 | 走进五千年帝陵

▲九疑山舜帝陵

　　舜帝陵位于舜陵景区，是九疑山风景区的目标人文景观，是我国最古老的陵墓。舜帝陵陵区由陵山（舜源峰）、舜陵庙、神道及陵园组成，占地600多亩。陵山舜源峰上小下大，呈覆斗状，气势恢宏。山北麓建有陵庙，陵庙坐南向北，规模宏大，占地24644平方米，分为前后两重院落，五进建筑。陵庙内建有庄严肃穆的山门、午门、拜殿、正殿、寝殿、厢房。陵庙外有长200米的神道。陵庙祭碑廊内保存的历代祭碑36方，是珍贵的历史文物，是历史的见证。在古木参天的陵区内，陵庙建筑上的石雕、楹联、壁绘栩栩如生，令人流连忘返。这座庙始建于明洪武四年（1371年），清代屡经修葺。原来的正殿已被毁坏，殿后护碑亭内竖立隶书石碑一通，上面刻写着"帝舜有虞氏之陵"。

　　山门是单檐歇山式建筑，砖木结构。大门平面面阔五间，总宽16.8米，高10.68米，中间三间设门，前门朝外为板门，后门朝内为隔扇门，总进深为12米，前后设有檐廊。前门正中有"舜帝陵"匾额。"舜帝陵"三字为隶书，是按陵碑上的字做的。山门两侧卷棚顶廊道各长50米，连接两侧角楼。廊道宽4.2米，用墙分为内外两侧。沿廊柱用凳板连接，方便游人坐下休息。山门外矩形加半圆形的大台阶，是祭祀台，可用来表演上千人的大型祭祀舞。从广场先上四级台阶到祭祀台，从祭祀台再上五级台阶到山门，出山门又下五级台阶到湘妃池。进山门共上九级台阶，出山门下五级台阶，暗含"九五之尊"的意思。再加上"五间四进"歇山顶高规格的山门建筑，红墙黄瓦，琉璃覆盖，釉色斑驳，廊柱林立，显示出帝王庙宇的皇家气派。

午门是帝王宫殿中的正门。普通庙宇不设午门，舜帝陵庙为帝王庙宇，明代迁建时设置午门，专供皇帝或钦命御祭大臣在御祭大典时出入。舜庙午门为宫门式三门城楼，城楼面宽20米，进深12米，高14米，三孔拱形城门。正中城门上嵌石刻匾额，上面刻楷书"午门"二字。用砖石砌筑的城门上建有单檐歇山顶全木结构城楼一座，朱梁黄瓦，翘角飞檐。两侧有登楼石阶，城门上四周有回廊，供游人远眺。登上城楼向北远眺，群峰起伏，松涛滚滚，特别是娥皇、女英二峰相峙对立，与陵山舜源峰相依为伴，让人们不尽遐想。

拜殿是重檐歇山顶全木结构的清式建筑，建在高80厘米的花岗岩砌筑的须弥座上。殿宽24.04米，深18米，高14.95米，四周回廊，屋顶覆盖黄色琉璃瓦，建筑气势巍峨。旁边有高大的千年古柏映衬，更显得庄严肃穆。拜殿是祭祀大典时备设祭品的地方，也是祭祀人整理衣冠、静心待祭的地方。殿门对联"至孝千秋一德，笃亲万里同风"，是国民党元老陈立夫先生九十六岁高龄时专门为舜帝陵题写的，寄寓了陈老先生倡导舜德、期盼统一的耿耿情

> **知识链接**
>
> 舜陵是我国古代传说中父系氏族社会后期的部落联盟领袖人物舜的陵墓。舜，历来与尧并称，是传说中的圣王。舜，号有虞氏，历史上称为虞舜，又传说姓姚、姓妫（guī），名叫重华。传说尧在晚年咨询四岳，舜被一致推举为尧的继承人。经过试用性的摄政以后，舜继承了尧的领袖帝位。舜巡查四方，平定了共工、驩（huān）兜三苗的叛乱，罢黜了治水无能的鲧（gǔn），使国家得以安定。舜挑选贤人治理民事，也仿效尧"禅让"的方法，并咨询四岳推举贤明的人继位，最后选择了治水有功的禹作为自己的继承人。由于舜的贤明和勤政，在位期间的五十年，把国家治理得很好，人们过着太平的生活。

怀。殿内墙上挂有《史记》摘要木椟（匣子），摘录了《五帝本纪》中有关舜帝的文章。木柱上的对联"大孝炳千秋功德同昭辉日月，仁恩周四海勋名永耀燦云天"，是菲律宾舜裔姚嘉熙所作。另有柱联："韶乐九章四海同歌歌圣祖，疑巇千仞五洲共仰仰先贤"，"放宽就大化古传今，择贤任能承先启后"。

治水功臣大禹陵

大禹陵在浙江省绍兴市东南四千米的会稽山南麓，是我国原始社会末期最后一位杰出的部落联盟领袖、治水英雄大禹的葬地。会稽山山势峻拔，林木森然。登上会稽顶峰可以遥望浩渺的东海；俯视山下，浦阳江与曹娥江宛如两条白玉带顺山缭绕。会稽山山清水秀、风景优美，令人驻足忘返。山下的位置使大禹陵更显凝重、壮观。

传说，帝尧时洪水成灾，天下百姓深陷愁苦之中。尧帝让禹的父亲鲧去治理洪水。鲧率领众人筑坝修堰，花费了九年工夫，也没把洪水治理好，因而受到流放羽山（今山东蓬莱东南）的处罚。也有典籍记述鲧被诛杀在羽山。

洪水是天下大患。禹的父亲鲧治理洪水失败后，帝尧又命令已成为夏部族首领的禹继续治理洪水。禹欣然受命，但没有贸然行事，而是首先认真总结前辈治水的教训，寻找治水失败的原因。然后，他率领伯益、后稷等一批忠实助手，跋山涉水、顶风冒雨到洪灾严重地区进行勘察，了解各地山川

> **知识链接** ✓
>
> 禹，姓姒（sì），名叫文命，号禹，后世尊称为大禹，夏后氏首领，传说为帝颛顼（zhuān xū）的曾孙，黄帝轩辕氏第六代玄孙。他的父亲名叫鲧，母亲是有莘氏女修己。传说禹治黄河水患有功，受舜帝禅让继承了帝位。禹是夏朝的第一位天子，因此后人也称他为夏禹。他是我国传说时代与尧、舜齐名的贤圣帝王，被人们尊崇为远古时期的三位贤明君主。大禹疏通江河，兴修沟渠，发展农业生产，为民造福，深受百姓爱戴。他又划定中国国土为九州。后人称他为大禹，意思就是伟大的禹。

地貌，摸清洪水流向和走势，制定统一的治水规划，在此基础上才展开大规模的治水工作。前辈治水无功主要是没有根据水流规律因势利导，而只采用"堕高堰库"筑堤截堵的办法，一旦洪水冲垮堤坝便前功尽弃。禹鉴于前辈的教训，大胆改用疏导和堰塞相结合的新办法。按《国语·周语》所说，就是顺天地自然，高的培土，低的疏浚，成沟河，除壅塞，开山凿渠，疏通水道。历时13年之久，终于把河道疏通，有效地治伏了洪水。传说大禹为了完成治水重任，娶妻涂山女四天便离开家，在外13年，没有回过一次家。大禹治水"三过家门而不入"已成为千古流传的佳话。

禹治水有功，被舜选为继承人。舜死后，禹成为部落联盟领袖。禹在绍兴茅山（也叫苗山）大会诸侯，计功封赏，并把茅山改名为"会稽"。十年后，这位治水英雄，又巡游到会稽山，不幸病逝，就地安葬。禹在位45年，活了一百岁。据《吴越春秋》记载，禹年老时，曾告诫群臣："吾百世之后，葬我会稽之山，苇椁桐棺。穿圹七尺，下天及泉，坟高三尺，土阶三等。"说明禹死后葬在会稽，也是他自己的意愿。

大禹陵区由禹陵、禹庙、禹祠三大部分组成。

▲大禹陵碑亭

当年会稽山的禹陵、坟丘早就已经看不到了。现在，坐东朝西的禹陵前，有一座石牌坊。高12米、宽14米的大禹陵牌坊，用石头建造，高大古朴。牌坊顶为双凤朝阳，庄重典雅，雕刻精美。柱的顶端有古越人崇拜的神鸟——鸠。1995年5月江泽民题写的坊额"大禹陵"，更为禹陵增辉。

四 走进五千年帝陵

牌坊前,有一根横卧的青铜柱子,名叫龙杠。龙杠两侧各有一立柱,名叫拴马桩。凡进入陵区拜谒的人,上至皇帝,下至百姓,都必须在此下马、下轿,步行入内,表示对大禹的尊崇。

▲大禹陵石牌坊

穿过牌坊有长约百米的神道,神道两旁安放着由整块石头雕塑的熊、野猪、三足鳖、九尾狐、应龙。传说这些神兽都是帮助过大禹治水的神奇动物,或者是大禹自己变的。1979年浙江省政府建碑亭一座,成为禹陵所在地。亭内有书写"大禹陵"

▲大禹陵禹祠

的石碑,字体敦厚隽永,是明朝嘉靖年间绍兴知府南大吉的手笔。碑亭南面有禹穴亭,禹穴辨亭。这是人们过去"辩论"禹穴地点的地方。碑亭旁,有一座鼓乐亭，是人们祭祀大禹时奏乐的地方。碑亭四周，古槐、苍松、翠柏、绿竹密布。碑亭后面的山顶上，立有高大的大禹铜像一尊，使大禹陵的气势显得更加雄伟。

禹庙在禹陵的东北面，坐北朝南，是一处宫殿式建筑。传说，大禹的儿子夏启、少康，早就在这里修建了一座禹庙，但早已毁坏。现在的禹庙，是南朝梁初大同十一年（545年）建造的，后来又多次重修。现在庙中的建筑，大多是清代遗物。庙内轴线建筑自南而北依次为：照壁、岣嵝碑亭、午门、拜厅、大殿。建筑依山势而逐渐升高。在岣嵝碑亭内，立有一座明代重刻的石碑。传说，这座石碑是大禹治水时刻立的，原在湖南衡阳的岣嵝山，所以叫岣嵝碑。碑文记述了他治水的经过。全碑虽然只有七十七个字，但却无人能够辨认，至今还是一个谜。

大殿是禹庙的主体建筑，也是整个禹庙建筑群的最高建筑物，巍然耸立。大殿高、宽均为24米，进深22米。殿中供奉着大禹塑像，高6米，头戴冕旒（liú）（帝王礼帽前后悬垂的玉串），手执玉圭，身披朱雀双龙华衮，雍容大度，令人望而起敬。殿内还陈列了鼓、磬等祭禹礼器。大殿的层脊，悬挂有康熙皇帝御笔所题"地平天成"四字的横匾。殿前的御碑亭内，还保存着一座清代乾隆皇帝祭祀大禹的诗碑。在大殿的旁边，还有一座构筑精巧的窆（biǎn）石亭。亭内有一块状似秤砣的石头，顶部有圆孔。据说，这是大禹下葬时使用过的工具。石上还有汉代以来刻写的铭文，极为珍贵。

禹祠位于禹陵左侧，是二进三开间的平屋。祠前一泓清池，悠然如镜，叫"放生池"。传说大禹的八子少康曾在这里修建禹祠。后来，禹祠屡毁屡建。现在我们看到的禹祠是当代重修的。粉墙青瓦，简朴明快，是一处拥有两进院落的江南民居建筑群。写有"禹祠"两个大字的横匾，是当代著名画家吴作人所书。禹祠前院有砖雕图案两幅，一幅为大禹治水，一幅为济公封赏。禹祠的后院，有大禹的塑像一尊，头戴斗笠，面容沉着，一副奔走于工地、正在指挥治水的模样。

大禹是我国古代第一位治水英雄，全国各地都有大禹功绩纪念建筑物。而绍兴会稽的大禹陵庙盛名已久。陵庙建筑宏伟，风景优美，已成为中外游客的游览胜地。

秦汉天下一统时期帝王之陵

秦朝结束了自春秋起五百年来分裂割据的局面，成为中国历史上第一个统一的、民族的、中央集权的封建制国家。

秦始皇开创的陵寝制度影响了后来的历代帝王陵园建筑。秦始皇陵园规模宏大，设施齐全，继承了秦国陵寝制度，又吸收了东方六国陵寝的做法，充分体现了中国古代中央集权制封建皇权的至高无上。

汉朝是我国封建帝国时代的第一个繁荣鼎盛时期。总的来说，汉代帝王陵墓的建筑形式有两种。一种是依山为陵；一种是以黄土夯筑的方形坟丘，上小下大，顶部平坦，状似覆斗，就是所谓的"方上"。在这两种建筑形式中，汉代帝王陵的建筑以方上为主。依山为陵的皇陵，只有一座汉文帝的霸陵。但是，依山为陵的建筑形式，对以后的皇陵建筑也产生了影响。如唐太宗的昭陵、唐高宗与武则天的合葬墓乾陵等，也采用了这种形式。西汉与秦朝一样，都在陵区附近设置城邑，并且用陵号命名，称为陵邑。

从建筑和布局来看，东汉的帝王陵墓从第二代皇帝汉明帝起，发生了较大的变化。第一，不建陵庙；第二，不建墙垣，而用竹、木构成的临时性屏篱代替，人称行马；第三，寝殿、管陵官员的办公场所、住所等，建在陵墓的东边；第四，坟丘前面建石殿，祭祀时使用。石殿的出现，对唐代和唐以后各朝各代帝王陵墓的建造影响很大。享殿、献殿、棱恩殿、隆恩殿等，都是在这基础上产生并发展起来的。

汉代也是中国历史上厚葬风气比较盛行的时期。陵墓内随葬品数量很多，珍宝、明器、陶俑、车马、粮食等应有尽有。

"千古一帝"秦始皇陵

秦始皇陵是中国历史上第一个封建皇帝嬴政的陵墓，在陕西省临潼县城东5千米处，距西安市约35千米，南倚骊山，北临渭水。高大的封冢在巍巍峰峦环抱中与骊山浑然一体，景色优美，环境独秀。陵墓规模宏大，气势雄伟。这是我国历史上第一座也是最大的一座帝王陵墓，是一座豪华的地下宫殿。在中国近百座帝王陵墓中，秦始皇陵因为规模宏大、埋藏丰富而在世界上享有盛名。

1956年，陕西省人民政府公布秦始皇陵为省级重点文物保护单位；1961年，又被中华人民共和国国务院公布为第一批重点文物保护单位；1987年，联合国教科文组织把秦始皇陵列入世界文化遗产保护目录，成为全人类共同的财富。

秦始皇在位期间就开始动员全国民力为自己修建陵墓。这位叱咤风云的旷世君主，不仅为后人留下了千秋伟业，还留下了这座神秘莫测的皇家陵园。

秦始皇陵园按照秦始皇死后照样享受荣华富贵的原则，仿照秦国都城咸阳的布局建造，大体呈回字形，陵墓周围筑有内外两重城垣，陵园内城垣周长3870米，外城垣周长6210米，陵区内目前探明的大型地面建筑有寝殿、便殿、园寺吏舍等遗址。根据史书记载，秦始皇陵陵区分为陵园区和从葬区两部分。陵园占地近8平方千米，建外城、内城两重，封土呈四方锥形。秦始皇陵的封土形成了三级阶梯，呈覆斗状，底部近似方形，底面积约25万平方米，高115米。经历两千多年的风雨侵蚀和人为破坏，现在封土底面积约为12万平方米，高度为87米，整座陵区总面积为56.25平方千米。

陵园的南部有一个土冢，高43米。筑有内外两道夯土城墙。内城周长3890米，外城周长6249米，分别象征皇城和宫城。在内城和外城之间，考古工作者

> **知识链接**
>
> 秦始皇（公元前259-公元前210年），姓赵氏，名叫政，是秦国庄襄王的儿子。汉族（原称华夏族），公元前259年出生在赵国首都邯郸（今河北省邯郸市）。公元前246年，13岁的他登上王位，为秦王。灭六国后称帝，建立了中国历史上第一个大一统王朝——秦朝。秦始皇成为我国历史上第一位封建皇帝。
>
> 秦始皇功业辉煌。他灭六国后建立了中国第一个统一的封建大帝国，又大刀阔斧地废封国、置郡县，统一文字、货币、度量衡。在短短的十几年便将秦朝制度推广到东方广大地区。然而，他的过错也非常大。他强迫民众修长城、戍五岭、建宫殿、修陵墓。秦始皇既是一位对国家有着巨大贡献的政治家，也是一位有名的暴君。

四 | 走进五千年帝陵

▲秦始皇陵

发现了葬马坑、陶俑坑、珍禽异兽坑，以及陵外的人殉坑、马厩坑、刑徒坑和修陵人员的墓室。已发现的墓坑有400多座。

秦始皇陵的冢高55.05米，周长2000米。经调查发现，整个墓地占地面积为22万平方米，内有大规模的宫殿楼阁建筑。陵寝的形制分为内外两城。内城为周长2525.4米的方形，外城周长6264米。陵墓地宫中心是安放秦始皇棺椁的地方。

1974年以来，在陵园东面1.5千米处发现从葬兵马俑坑三处，成品字形排列，面积共达2万平方米以上，出土陶俑8000件、战车百乘以及数万件实物兵器等文物。其中一号坑埋葬着和真人真马同样大的陶俑、陶马约6000件；二号坑有陶俑、陶马1300余件，战车89辆；三号坑有武士俑68个，战车1辆，陶马4匹。1980年又在陵园西侧出土青铜铸人型车马2乘。这组彩绘铜车马，是迄今中国发现的体形最大、装饰最华丽、结构和系驾最逼真、最完整的古代铜车马，被誉为"青铜之冠"。秦始皇陵园除从葬坑外，还发现石料加工厂

珍藏中国 中国的陵墓

▲ 气势恢宏的秦始皇兵马俑

的遗址，建筑遗物有门砧、柱础、瓦、脊、瓦当、石水道、陶水道等。

秦始皇陵集中体现了"事死如事生"的礼制，规模宏大，气势雄伟。秦始皇陵是世界上规模最大、结构最奇特、内涵最丰富的帝王陵墓之一。秦始皇陵是秦代文明最高成就的体现。秦始皇把他生前的荣华富贵全部带入地下。秦始皇陵兵马俑是可以同埃及金字塔和古希腊雕塑相媲美的世界人类文化的宝贵财富，而它的发现本身就是20世纪中国最壮观的考古成就。秦始皇陵墓充分体现了2000多年前中国人民巧夺天工的艺术才能，是我国古代劳动人民的智慧结晶，是中华民族的骄傲和宝贵财富。

四 | 走进五千年帝陵

"布衣皇帝"汉长陵

汉长陵是汉高祖刘邦和皇后吕雉（zhì）的合葬陵墓，在陕西省咸阳市东约20千米的窑店镇三义村北的咸阳原上。长陵坐落在咸阳原的最高点，远望就像是山峰兀立，威武壮观，气势雄伟，显示了封建帝王至高无上的尊严。南与未央宫隔河相望，北倚九山，泾渭二水横贯陵区。1988年，长陵被列为国家重点文物保护单位。

长陵是汉代的第一座皇帝陵墓，陵园内遗址到现在还保存着。刘邦称帝后的第二年就开始营建陵墓。陵园是仿照西汉都城长安建造的，只不过规模略小而已。陵园的平面呈长方形，南北长1000米，东西宽900米。西墙的正中发现了一座宽23米的城门遗址。西城墙的地面上现在还保留着一条长600米、宽6米、高3米的夯土遗迹。陵园内还建有豪华的寝殿、便殿。寝殿是长陵陵园的正殿，殿内陈设着汉高祖的"衣冠几仗象生之具"，完全像皇帝生前时一样侍奉。

▲汉长陵

汉高祖刘邦的陵冢位于陵园的南部，高祖陵在西，吕后陵在东。陵冢呈长方形覆斗状，是夯土迭筑而成的。史书记载，墓冢高30丈，东西宽120步。这是一座非常高大的墓冢。现在，这座黄土夯筑的覆斗形墓冢，仍高达33米。根据测量，墓冢的底部东西宽153米，南北长135米；墓冢顶部东西宽55米，南北长35米。长陵前立有清朝乾隆年间陕西巡抚毕沅所书的"汉高祖长陵"石碑一通，陵冢下面是刘邦安寝的地宫。

> **知识链接**
>
> 刘邦，字季（又有说法是他的小名），公元前256年出生于沛县（今江苏沛县）。刘邦是西汉的开国皇帝。楚汉战争中，他叱咤风云，"大战七十，小战四十"，身负重伤十二次，最后击败了不可一世的西楚霸王项羽。在推翻了秦朝、消灭了项羽等势力后，高祖六年（公元前202年）正月，刘邦称帝，并立吕雉为皇后，定都洛阳。不久后迁都到长安，定国号为汉，历史上称为西汉。刘邦是中国历史上第一个"以布衣提三尺剑有天下"的皇帝。

据记载："长陵城墙有南、北、西三面，东面无城，陪葬者皆在东。徙关东大族万家以为陵邑。"长陵东南200多米处为吕后的陵墓，呈覆斗形。在长陵陵园东门外马路北侧，就是陪葬墓区。长陵的陪葬墓区，从西端的陵园开始，到东端的泾河南岸，绵延7千米。现在，这些开国元勋、朝廷重臣以及后妃等人的陪葬墓，还存有63座。根据史书记载，萧何、曹参、张耳、田蚡、周勃父子等功臣贵戚大都陪葬在这里。唐代诗人唐彦谦有诗说："长陵高阙此安刘，祔葬累累尽列侯。"这些累累连绵的坟冢，从某种角度再现了汉初文治武功的盛况。西汉诸陵中，长陵的陪葬墓数量最多，跟随刘邦南征北战的功臣和贵戚，死后多陪葬在长陵。陪葬墓的封土较帝后陵小得多，形状有覆斗形、圆锥形、山形三种。

长陵陵园的北面是长陵邑的所在地，在现在咸阳市的韩家湾。陵邑略呈长方形，城墙由夯土筑成，南北长，东西宽。陵邑的南墙部分与陵园边墙重合，东面没有城墙建筑。现在，陵邑中的所有建筑早已荡然无存，但陵邑南墙的长度还有1245米，西墙长度为2200米，北墙残长200米。东墙没有任何发现。这些墙的厚度，一般都为7至8米。由此可见，当年的长陵建筑规模宏

四 走进五千年帝陵

大，墙垣坚固结实。

在长陵陪葬墓周勃父子墓旁，1956年出土了驰名中外的西汉3000彩绘兵马俑。在陪葬墓区发现东西两排、两两相对的11个土坑，土坑内是排列有序的1800多步兵俑、580多骑兵俑，还有许多陶盾牌、兵器和车马饰。这给研究西汉初期的军队编制、雕塑艺术、贵族埋葬制度及人物服饰提供了重要实物资料。

1968年在长陵附近出土一枚有"皇后之玺"篆文的螭虎纽白玉印。这方玉印通体晶莹润泽，高2.8厘米，重33克，印上部为螭（chī 古代传说中一种没有角的龙）虎纽，虎形呈伏卧状，头尾微向左边蜷曲，怒目张口，造型生动。玉印四周有线雕云纹。印面为正方形，边长各2.8厘米，经考证它的主人是汉高祖刘邦的皇后吕雉。专家认为它

▲皇后之玺

创造了两项全国之最：一是中国最早发现的皇后印玺，二是到现在已发现的皇后印玺中时代最早的，极为珍贵，历史、艺术价值很高，被列为国宝级文物。

在长陵邑、陵园和陪葬区范围内还发现有汉代砖、瓦、瓦当、水管道、陶文瓦片和铁铲、铁夯头等，其中以瓦当最多。曾出土有"长陵东当"、"长陵西当"篆文的瓦当；"齐一宫当"、"齐园宫当"等"齐园"文字瓦当。从文献记载来看这些残留的废墟和出土文物，可以窥见当年陵邑朱檐彩栋、深宫广院、车马人熙的繁华景象。

"躬修节俭"汉霸陵

霸陵是汉文帝的陵寝，也叫灞陵。灞，是指灞河。由于建在灞河西岸，所以叫霸陵。汉霸陵位于西安市东郊白鹿原东北角，就是现在的西安市灞桥区毛西乡杨家屹塔村，当地人称为"凤凰嘴"。汉霸陵外形与埃及金字塔特别相似，被国外汉学家称为"东方金字塔"。

汉文帝刘恒在位的23年中，宫室苑囿、车骑服御之物都没有增添，而且还屡次下诏禁止郡国贡献奇珍异宝。他平时穿戴也都是用粗糙的黑丝绸做的衣服。在厚葬成风的秦汉时代，汉文帝立的遗嘱特别感人，而且在遗嘱里特别要求修建霸陵用砖、瓦就可以了；随葬品全部用陶器，不要用金银装饰；不要大兴土木来修坟。这样节省经费、不劳民伤财的做法实在难得。在中国历代帝王中，文帝一生都注重简朴，是一位躬修节俭、被世人赞美的好皇帝。

▲南宋绘画：汉文帝与窦皇后及大臣在一起

汉霸陵在汉长陵未央宫前殿遗址东南57里。霸陵"因其山，不起坟"，地面上没有封土。在白鹿原原头的断崖上凿洞为玄宫，其中用石块砌筑，坚固异常。文帝治霸陵"因山为陵"，除了力求"节俭"，更是为了陵墓安全。至于为何霸陵选址在这里，据推测和汉初仍遵循的"昭穆制度"有关。汉文帝主张薄葬，霸陵是中国历史上第一个依山凿穴为玄宫的帝陵，对六朝及唐代依山为陵的建制影响极大。

汉文帝霸陵陵园历史上称为"盛德园"，陵园有桓墙相围，门阙位于垣墙正中，山陵位于陵园内正中。陵园内建寝殿、便殿等。但目前也没有发现陵园的遗迹。山陵内部结构，到现在也不知详细情况。据明朝何仲默《雍大记》载："至元辛卯（1291年）秋，灞水冲开灞陵外羡门，冲出石板五百余片。"由此推知，霸陵墓门、墓道和墓室可能是用石板垒砌而成。营建山陵时，为防止水患，墓室"上有四出道，以池水"，但经漫长的时间，水道被沙石堵塞，已失去池水作用，所以墓门早年就被水冲开，现在墓室结构已经不能辨认。陵前原矗立有宋元石碑二十多通，现在基本上都散失了。

> **知识链接** ✓
>
> 汉文帝刘恒（公元前203年-公元前157年），是汉高祖刘邦与薄姬的儿子。汉文帝刘恒公元前197年被封为代王，建都晋阳。公元前180年登基做皇帝。他在位期间，是汉朝从国家初定走向繁荣昌盛的过渡时期。他继续执行与民休息和轻徭薄赋的政策，加强边防建设，有效地阻止了匈奴对中原地区的侵犯，保卫了和平环境。汉文帝刘恒，以德政治天下，开创了中国封建社会第一个治世——"文景之治"。"治世"是治平之世，也就是太平盛世。公元前157年，汉文帝刘恒去世，在位23年，享年46岁。葬于霸陵（今陕西省长安区东）。他的庙号叫太宗，谥号孝文皇帝。

汉霸陵周围的陪葬陵墓不多，其中汉文帝的妻子窦皇后的陵墓最大。窦皇后陵位于霸陵东北一千米左右，陵园垣墙为夯土筑成。在园内发现大量建筑遗存，有西汉筒瓦、板瓦、云纹瓦当等，封土陵冢位于陵园正中，现高19米，周长564米，呈覆斗形状。陵园东面有多座从葬坑，出土了大量的彩绘陶俑、陶罐和马、牛、羊等动物骨骸。彩绘陶俑造型优美，衣着艳丽，体态端庄，姿态各异。

汉霸陵西南有汉文帝的母亲薄太后的南陵。因陵冢西隔渭水遥望汉高祖长陵，所以史书有"东望吾子，西望吾夫"的说法，当地百姓称为"望子冢"。南陵陵冢呈覆斗形，现高29.5米，周长为560米。陵冢四周有夯土筑成的陵园垣墙，垣墙正中建有门阙。陵园西北有从葬坑数十座，出土陶俑、陶罐、陶棺多件。还有文献记载，窦皇后的女儿馆陶公主、外孙女废孝武皇后陈阿娇、刘嫖的面首董偃等，也陪葬霸陵。

▲ 薄太后墓

"清净无为"汉阳陵

汉阳陵是汉景帝刘启和皇后王氏的合葬陵园，在陕西省咸阳市渭城区正阳镇张家湾的后沟村北的咸阳原上，地跨咸阳市渭城区、泾阳县、高陵县三县区。景帝的阳陵在长陵东边12里，是咸阳原上西汉帝陵中最东边的一座，因当时修建陵墓时，那个地方属弋阳县，所以叫阳陵。

汉阳陵帝陵区由汉景帝陵园、王皇后陵园、寝庙等礼制性建筑遗址、南区陪葬坑、北区陪葬坑、北区陪葬墓、东区陪葬墓、阳陵邑遗址以及寺舍建筑遗址、刑徒墓地等组成。整个陵区以帝陵陵园为中心，四角拱卫，南北对称，东西相连，布局规整，结构严谨，显示了唯我独尊的皇家气派和严格的等级观念。

汉阳陵与西汉其他帝陵一样，为覆斗形。陵园中的帝陵封土高约31米，陵园为正方形，每边边长410米，四边中央各有一门，四门都离帝陵封土约为110米。陵底边长160米，顶部东西54米，南北55米。四个门的门道和门外的双阙遗址今天还清晰可辨。门两边有配廊，用方砖铺地，廊道外为卵石铺设的散水。这里还发现了一些"千秋万岁"、"长乐未央"的文字瓦片，意思大概是希望皇帝的灵魂永驻吧。

帝陵陵园南门阙是目前发掘的时代最早、等级最高、规模最大、保存最好的三出阙遗址，它的发掘对于门阙的起源、发展，门阙制度的形成、影

四　走进五千年帝陵

响，以及中国古代建筑史的研究等有着重要意义。此外，南阙门遗址还出土有目前发现最早的砖质围棋盘、陶质脊兽和最大的板瓦等。

汉阳陵占地20平方千米，有190多个外葬坑，其中围绕帝陵的81个外葬坑地位和等级最高，出土了大量陶俑，包括武士、仕女、文官，还有陶塑家畜、木车马。最近新建成开放的帝陵外葬坑遗址保护展示厅，是目前世界上第一座采用国际上最先进的文物保护和展示理念建成的全地下遗址博物馆，在2005年召开的国际古迹保护理事会第十五届年会上，被确定为全世界文物保护和展示的示范工程。这个展示厅紧贴帝陵，将文物和游客分隔在两个不同小气候环境中，对遗址实现全封闭保护，并采用国际上先进配套设施，是目前中国第一座现代化的全地下遗址博物馆。

位于帝陵东南、后陵正南的南区从葬坑和帝陵西北的北区从葬坑，分别占地96000平方米。这些坑中有排列密集的武士俑群，有堆放粮食的仓库，还有牛、羊、猪、狗、鸡等陶质动物和成组的陶、铁、铜质生活用具，全面展现了汉代的军旅场景，可能与西汉时期的"南军"、"北军"有一定关系。

帝陵东南是罗经石遗址。这里地形隆起，外貌呈缓坡形状。根据考古钻探得知，遗址平面近方形，边长约260米，外围有壕沟环绕。遗址中心部分的最高处放置着一块方形巨石，当地群众叫做"罗经石"，经测定为正南北方向。据研究推测，它可能是用于修建阳陵时标定水平、测量高度和标示方位，是目前世界上发现的最早的测量标石。这处建筑遗址地势高峻、布局规整、规模宏大，应该是阳陵陵园中最重要的礼制性建筑之一。

> **知识链接**
>
> 汉景帝刘启是汉文帝刘恒的长子，母亲是窦漪房（窦太后），公元前188年生于代地中都（今山西平遥县西南）。汉景帝刘启公元前157年登上皇帝宝座，在位16年，公元前141年去世，终年48岁，安葬在阳陵，谥号"孝景皇帝"。汉景帝在西汉历史上占有重要地位。他继承和发展了父亲汉文帝的事业，继承文帝政策，废除苛刑酷法，打击分裂势力，重视农桑，减轻赋税，与父亲一起开创了历史上以政治清明、社会安定著称的"文景之治"。他又为儿子刘彻的"汉武盛世"奠定了基础，完成了从文帝到武帝的过渡。

珍藏中国 中国的陵墓

▲汉阳陵现代化地下博物馆

在汉阳陵帝陵西北约1500米处（肖家村乡上狼沟村），发掘了多座刑徒墓，面积达8万平方米。最初被发现是在70年代，估计葬进去的刑徒在万人以上。1972年发掘了其中的29座墓葬，发现了35具人骨架，墓葬排列无序，尸骨凌乱，相互枕藉，埋葬草率，都没有陪葬品。骨架上大多戴有"钳"、"钛"等类铁制刑具，有的还有明显的砍斫痕迹。这说明当时刑徒们带着沉重的刑具为汉景帝修建帝陵。

陪葬墓园区西起帝陵东侧约1100米处，东到马家湾乡米家崖村塬边。全长2350米，占地约3.5平方千米。整个墓区被壕沟分成若干个方块，成为墓园。这些墓园东西成排，南北成列，呈棋盘状分布。陪葬墓园数量众多，围沟完整，布局规整，排列有序，显然是经过精心设计和安排的。这一发现在西汉十一座帝陵的考古研究中是首次，具有重要的研究价值。

▲汉阳陵

三 "独尊儒术"汉茂陵

汉茂陵是汉武帝刘彻的陵墓，在陕西省西安市西北40千米的兴平市东北的南位乡茂陵村。汉茂陵北面远依九骏山，南面遥屏终南山，东西是横亘百里的"五陵原"。这里在西汉时原属槐里县的茂乡，所以在这里修建的武帝陵墓叫做"茂陵"。汉茂陵在西汉的帝陵中是规模最大的，也是修建时间最长的。从汉武帝当上皇帝的第二年（公元前139年）开始，到公元前87年，修建了53年。1961年，国务院把它列为全国重点文物保护单位。

汉武帝和秦始皇一样有着极其相似的成就和喜好。两个人都有着雄才大略，都对国家民族的发展做出了巨大的贡献。同时，他们都一样强烈地追求神仙、永生，也都花费好长时间经营自己的陵墓，不惜一切代价为自己构筑地下天堂。

《汉书·武帝纪》书中记载，建元二年（公元前139年）"初置茂陵邑"，营建茂陵，历时53年。根据史书记载，全国每年赋税收入的三分之一，都花费在陵墓的修建上。陵体高大宏伟，呈方锥

> **知识链接**
>
> 汉武帝刘彻是汉景帝刘启与皇后王娡的儿子。公元前157年出生在长安，公元前87年死在五柞宫，享年70岁。汉武帝刘彻在他执政的五十多年中，建立了西汉王朝最辉煌的功业，使西汉王朝处于鼎盛时期。他颁布"推恩令"进一步削弱了诸侯王的势力，重视人才，推行了察举制度，进一步巩固和加强了中央集权制。他平抑物价，将铸钱、冶铁、煮盐、商贸等原来由豪门把持的重要工商业收归国家专营。同时，大力兴修水利，重农抑商，发展农业生产。在思想方面"罢黜百家，独尊儒术"，使儒家学说成为中国封建社会统治的正统思想，并一直延续了两千多年，对后世中国政治、社会、文化产生了深远的影响。
>
> 另一方面，汉武帝又非常重视加强国家的军事力量，并多次派兵抗击匈奴的骚扰，打通了通往中亚和西亚的交通要道"丝绸之路"。汉武帝还派遣使臣出使西域，促进了汉朝和西域各国的经济文化交流。因此，汉武帝是我国历史上在位时间较长，在文治武功方面都很有作为的一位皇帝。就是因为在汉武帝时期我国国势强盛、民族统一发展，受到全世界人敬仰，才把华夏叫做"汉"。从此历史上留下了汉族的称呼，而且一直沿用到现在。

珍藏中国 中国的陵墓

形，有"东方金字塔"的美称。汉茂陵建陵时曾从各地征调建筑工匠、艺术大师三千多人，陵墓规模宏大、设备齐全、内容充实、奢靡豪华，各方面的突出程度都是西汉其他帝陵不能相比的。

　　汉茂陵陵园呈方形，占地面积约17.8平方千米。陵园分为内城与外城，都是夯土城墙，四面都有门阙。城墙围墙为长方形，东西宽430米，南北长414米。现在，东墙、西墙和北墙的夯筑墙基还在，还可以清楚地识别出来。茂陵在内城正中，封土为黄土夯筑的覆斗形。经测量，现在坟丘的高度有46.5米，坟丘底部东西宽229米，南北长231米，顶部东西、南北都是40米，远看就像一座削了顶的金字塔，岿然耸峙；近看巍峨雄伟，壮美如山。

▲汉武帝茂陵

汉茂陵按汉墓旧制建成，陵园内外同样建有寝殿、便殿、陵庙等祭祀性建筑，有管理人员的办公和生活用房，设有陵令、属官、寝庙令、园长、门吏等。传说武帝的金镂玉衣、玉箱、玉杖等一并埋在墓中。营造了庞大的陵邑，在茂陵东南营建了茂陵县城，许多文武大臣、名门豪富迁居到这里，人口达277 000多人。现在，这些地面建筑虽然不在了，但遗迹还不少，曾发现了大量龙纹和凤纹的空心砖、虎纹和玄武纹的条形砖、瓦当、陶水管及陶俑等，这些都充分证明，汉武帝的茂陵规模很大，建筑也很雄伟。

　　汉茂陵中的随葬物品十分丰富。史书记载，在建筑陵园的53年间，汉武帝不断命令将金银财宝搬进墓中，为死后使用准备。汉书记载："金银财物，鸟兽鱼鳖，牛马虎豹生禽，凡百九十物，尽瘗藏之。"据说，由于墓穴中放置的随葬品太多，当汉武帝的遗体入葬时，不得不拿出一部分扔掉。

　　汉武帝的茂陵附近，也有不少的陪葬墓。在这些陪葬墓中，除了功臣名将如卫青、霍去病、霍光、上官杰、上官安等人外，还有李夫人、敬夫人的陵墓。

　　汉茂陵创造了几大奇迹。第一，茂陵是汉代陵墓中最为高大、宽阔的帝陵，是"汉兴厚葬"的典型。造陵工期长、耗资多。自汉唐以来，不少文人墨客写诗说明光彩夺目的"茂陵文化"。例如："茂陵烟雨埋冠剑，石马无声蔓草寒"（唐·薛逢）、"汉家天马出蒲梢……茂陵松柏雨萧萧"（唐·李商隐）等。第二，茂陵陪葬墓和其他汉陵的陪葬墓的奇异之处，在于都有"象征"的说法和意义，例如李夫人墓、霍去病墓等。第三，霍去病墓地巨石群雕。这里的群雕兽像、人兽相搏的艺术造型，是汉武帝留在茂陵十分珍贵的重大文化遗产，是空前的"国之瑰宝"。

▲鎏金马

珍藏中国 **中国的陵墓**

第四，茂陵园发现几件国宝，并收为馆藏文物。

1981年5月，在平阳公主墓的南面，西吴乡豆马村农民在平整土地时发现了"鎏金马"与"鎏金银高擎竹节熏炉"两件国宝文物。"鎏金马"高62厘米，长76厘米，通体铜铸鎏金，昂首翘尾，四腿直立，体态矫健。头部造型甚为生动，粉鼻亮眼，两耳竖立。史书记载为"金马"，是以西汉时大宛国的汗血宝马为原型而精制的工艺品。"鎏金银高擎竹节熏炉"高58厘米，底径13.3厘米，口径9厘米，盖高6厘米。炉盖口外侧刻铭文一周35字："内者未央尚卧，金黄涂竹节熏炉一具，并重十斤十二两，四年内宫造，五年十月输，第初三"。底座圈足外侧刻铭文一周33字："内者未央尚卧，黄金涂竹节熏炉一具，并重十一斤，四年寺工造，五年十月输，第初四"。

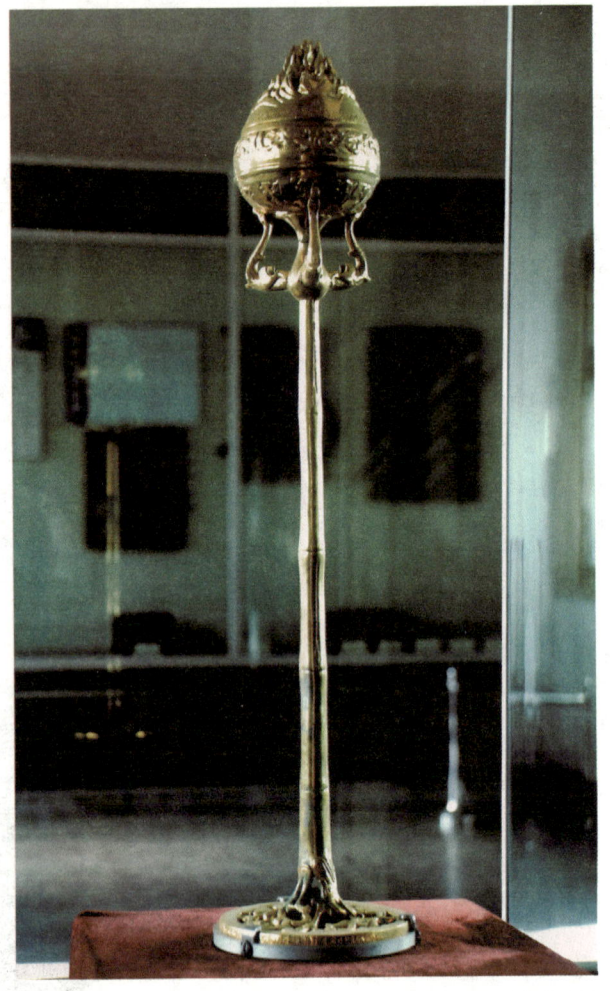

▲鎏金银高擎竹节熏炉

1963年兴平县西吴乡豆马村村民赵振秀，在村北土壕内发现"错金银铜犀尊"这件国宝文物，重13.3公斤，高34.1厘米，长58.1厘米，宽20.4厘米，是一件极为精美的工艺品。1975年在茂陵东侧发现了"四神纹玉雕铺首"，是一件极为精致的蓝田玉工艺品。这四件宝物现在都收藏在茂陵博物馆。

"中兴之王"汉原陵

汉光武帝汉原陵，是东汉开国皇帝——世祖光武帝刘秀的陵墓，在河南省孟津县白河乡铁榭村。当地也叫"汉陵"，俗称"刘秀坟"。到现在已有1900多年的历史，1963年被定为河南省重点文物保护单位。

▲汉光武帝刘秀

汉原陵南倚邙山，北临黄河。在北邙山陵区东汉的五座皇帝陵中，其他四座都在邙山的南面，只有原陵在邙山北面。关于汉原陵独特的选址位置，有一个传说。据说刘秀有一个儿子刘庄，从小就不听话，非常任性，总是违逆刘秀的要求。刘秀临死的时候把他叫到身边，向他嘱托后事。刘秀想，这个儿子从来就不听话，我就来个正话反说吧。于是，他就对儿子说，我命中缺水，死了以后，就把我葬在黄河里面吧。谁知这个任性了一辈子的儿子却一反常态，刹那间幡然悔悟。他说，我一辈子都没有好好听过父亲的话，这次一定要照父亲的嘱托办事。刘秀死了，他的儿子就将他的灵柩放在大龙舟上，推入黄河中。但奇怪的是，灵柩落下的地方，河水退去，露出沙滩一片，并冒出土冢一座。这就是刘秀坟。当然，这只是一个传说，不能作为历史的根据。原陵的地址，其实是刘秀亲自选定的。

光武帝原陵在50年兴建，原陵陵区位于邙山和黄河之间，由神道、陵园和祠院组成。陵园呈长方形，上筑的墓冢位于陵园正中，为夯土丘状，高17.83米，周长487米。陵前有一通穹碑，碑身镌刻"东汉中兴世祖光武皇帝之陵"。其中"中兴世祖"四字尤其明亮。据传说，过去老百姓常到这里抚碑择吉问凶：人离碑十步，双手平伸，闭目走过去，能摸到这四个字就是吉兆。

在陵园旁边和祠庙之前，还保存着古代石碑等珍贵文物。陵园总面积达6.6万平方米，现存千年古柏1500多株，整个陵园，郁郁苍苍，肃穆壮观，山门巍峨，红墙绿瓦，气势壮观。在祠庙前面，还有元、明、清和民国时期刻立的石碑。这些石碑，记叙了原陵祠庙的修建经过，是研究原陵和原陵祠庙历史的重要文献资料。原陵西侧光武祠前大道两侧原来还有28株排列有序、各有名号的柏树。它们象征着跟随刘秀打江山、定社稷的28位名将，人称"二十八宿柏"。陵园西侧是光武帝的祭祀祠院，面积2万平方米，有阙门、碑廊、二十八宿馆、光武殿等，形成鳞次栉比的汉代建筑群落。

光武帝创造了四大奇迹。

第一奇迹是原陵选址比较特殊。中国古代皇帝选陵址，一般是靠山面河、开阔通变的地形，象征帝王襟怀博大、驾驭万物，同时也可以免遭水淹。而原陵却是"枕河登山"、处于地势低洼的黄河滩上，是两千年封建社会史上的孤例，至今还是一个谜。

第二奇迹是景观独特。原陵尚存隋、唐两代的古柏一千五百余棵，苍劲拔挺，香味浓厚，俗称"杏柏"，也叫"香柏"。全国帝陵中，千株古柏集聚在一园的只有原陵。其中鸟柏树"双手击掌，鸟柏叫唤"。人用两手掌拍

> **知识链接**
>
> 东汉王朝的建立者汉光武帝刘秀（公元前6年-公元57年），字文叔，谥号光武，就是光绍前业的意思，庙号世祖。汉族，南阳蔡阳人（今河南南阳市南）。新朝王莽末年，起兵反对王莽，以恢复汉室为号召，大力扩充自己的队伍，壮大自己的力量。昆阳之战刘秀以少胜多大败王莽42万大军，王莽政权丧失。25年刘秀称帝，统一了天下，定都洛阳，重新恢复汉室政权，建立了东汉王朝，是汉朝中兴的君王。在执政期间，刘秀多次下令废除官私奴婢，降低税率。他采取的措施都以清静俭约为原则，精简官吏，加强中央集权制；兴修水利，发展生产；兴建太学，提倡儒术，尊崇节义。刘秀还主张薄葬。因此，在他执政期间，汉朝的经济也得到了初步的恢复和发展。在我国历史上，刘秀也可以算得上一代贤明君王。

四 | 走进五千年帝陵

▲汉光武帝陵墓土冢

一下就会有鸟儿应声叫唤,如果人们一齐拍掌就会出现百鸟合鸣的场景。鸟柏树被锯开时发现有木纹清晰的小鸟图案,为这些柏树增添了新的谜团。这些现象是什么原因造成的,到现在也无法考证。还有一株"苦恋柏",传说象征刘秀与皇后阴丽华苦苦相恋,最后长相厮守的爱情故事。

第三奇迹是"汉陵晓烟", 被称为孟津县的"八景"之一。每年的清明至谷雨前后,在天朗气清、云起霞蔚、晨曦初现的时候,陵园内陡然紫气弥漫,状若轻烟,飘若浮云,自西向东姗姗移动,逐渐使整个陵园被缥缈的云烟所笼罩。在这个时候,仿佛是有感应一样,古柏的枝间叶隙中会涌出团团气体,左右上下,滚腾翻坠。整个陵园变成了一个烟雾缭绕的世界,恍若仙境。当地民间流传:"汉陵晓烟,预兆丰年。"每当阳春三月,清明谷雨将临时,离得近的朝朝注目,离得远的日日探听,企盼晓烟,祈祷"祥瑞"。

第四奇迹是"汉皇仰卧"。每逢秋末叶落,站在陵西三百米处向东望去,整个陵园看起来就像是仰卧的刘秀,头戴皇冠,身穿龙袍,头枕黄河,

中国的陵墓

北景中的刘秀身长240米。由北部的柏组高50米，部的一差的组五胡清晰见。吹柏枝，就像是刘脚蹬。刘秀头部陵古成，脸凹分些不柏成官子可微动枝由参齐和

▲ 祖母柏

秀的胡须在飘动。冢上的柏林构成了刘秀的肚子，高60米。冢前神道旁的两行苍柏恰似刘秀的两腿，汉阙山门外的柏树恰好是刘秀的两只脚。站在陵西三百米处，看到这一奇景，让人能感受到帝王的威仪。这就是"汉皇仰卧，活灵活现"。

76

动荡中的魏晋南北朝帝王之陵

魏晋南北朝是我国历史上分裂割据时间最长，政治、经济最不稳定的时期。三国鼎立，连年混战。东西两晋短暂局部统一，但因政治腐朽，很快形成南北对峙的局面。不过少数民族入主中原，同时也加速了民族融合的步伐，促进了中华民族传统文化的发展。分裂割据、南北对峙、各据一方、争相称帝，是这个时期的政治特点。反映在皇帝陵寝制度上，南北皇陵不甚集中，规模大小各不相同，与秦、汉皇陵相比大为逊色，但从皇陵规制上看仍不失皇家气势。在建筑艺术风格上，明显地出现汉族文化和少数民族文化相结合的特点。

魏、蜀、吴三国时期共有皇帝11人(包括曹操)，但是大部分皇帝陵址没有确切的位置。蜀国两个皇帝中，只有昭烈帝刘备的惠陵有明确的位置。吴国四个皇帝大概埋葬在江苏南京市、浙江吴兴县一带，只有吴大帝孙权的蒋陵有确切位置。而魏国六个皇帝的陵墓更没有可以辨认的确切位置，只知道大概埋葬在河北临漳县、河南洛阳市一带。之所以找不到魏陵的确切位置，原因有三个：一是以山为陵，不坟不树；二是提倡薄葬，反对厚葬；三是为了防盗。

都城建在洛阳的西晋，开始于265年，结束于316年，历时52年，有七位皇帝。据推测他们都应该葬在洛阳一带。由于《晋书》只记载陵号，不记载陵址，再加上西晋建陵墓提倡"不坟不树"，所以西晋帝王陵址都无法考证。

西晋灭亡后，汉族在江东建立了东晋政权。317年，镇守建康（今江苏南京）的晋宗室司马睿在江南重建晋室，历史上称为东晋。东晋政权维持了一百多年的偏安统治，到420年被刘裕建立的宋取代。这个时期的帝陵也是"不坟不树"、"不设明器"，而且为了防盗还规定"后终者不得合葬"。所以东晋帝陵的准确位置也无法找到。

南北朝时期，南北方相对统一，社会比较稳定，经济、文化也有了相应的发展，所以修筑皇陵也逐渐恢复了秦汉时代讲究的风气。陵园内修建高大的封土堆，陵前建享殿，神道两侧的石像独具特色，上陵拜祭的礼制也逐渐盛行。更重要的是，在秦、汉帝陵基础上有了新的发展，出现了寺塔等建筑，说明宗教已渗入皇陵建制中，比较有时代特点。这也为唐、宋帝陵的大发展奠定了基础。

魏武帝曹操高陵

高陵，是三国时魏武帝曹操的陵寝。《三国志·魏书·武帝纪》记载"谥曰武王。二月丁卯，葬高陵"。关于高陵的具体位置，唐朝以后争议颇多，宋代以来更有七十二疑冢的说法。有的说在许昌城外，有的说在漳河水底，有的说在铜雀台下等等。但人们还有不同看法，存在争议。

曹操是三国时期著名的政治家、军事家、文学家、诗人。黄河流域在曹操统治下，政治有一定程度的清明，阶级压迫稍有减轻，经济逐步恢复，社会风气有所好转。曹操实行了一系列恢复经济生产和社会秩序的政策和措施。他在北方屯田，兴修水利，解决了军粮缺乏的问题，对农业生产的恢复有一定作用，所统治的地区社会经济得到恢复和发展。在政治军事方面，曹操消灭了北方的众多割据势力，统一了中国北方大部分区域，并且用人唯才，打破世族门第观念，委用地主阶级中下层人物，抑制豪强，加强了中央集权。文学方面，在曹操父子的推动下形成了以"曹操、曹丕、曹植"为代表的建安文学，历史上称为"建安风骨"，在文学史上留下了光辉的一笔。

汉末三国时期，盗墓现象非常严重，便出现了所谓"疑冢"、"虚墓"，以假墓葬迷惑盗墓者。传说，曹操生前就命令臣下，他死后要在漳河边上设72座坟墓，每座都说是他的墓。这样，人们就不知哪座曹操墓是

知识链接

魏武帝曹操（155-220年），字孟德，也叫吉利，小字阿瞒，沛国谯（今安徽省亳州市）人。三国时代魏国的奠基人和主要缔造者。曹操生前，"挟天子以令诸侯"，实际相当于皇帝，但是一直没有正式称帝，只是以"魏公"封号称呼。他儿子曹丕正式建立魏国当了皇帝后，把曹操尊称为"大魏武皇帝"，庙号"魏太祖"。

真的，令人疑惑。还有传说，在安葬曹操的那一天，邺城的所有城门全部打开，72具棺材从东西南北四个方向的城门同时抬出。从此，关于曹操墓就有了一个千古之谜："七十二疑冢"哪座是真？

民间传说中，关于曹操墓有四种说法：一是在邺城以西（今河北磁县境内）设七十二疑冢；二是在漳河河底设了机关暗道；三是在许昌城外；四是在邺城的铜雀台等三台下面。但是经过调查，这些传说都没有多少依据。

曹操设置疑冢的主要目的是为了防止盗墓。但也可能与他生前一贯奸诈多疑的性格有关。宋代诗人俞应符对曹操的这种行径非常不齿，他在《七十二座疑冢》一诗中，以厌恶的口气写道："生前欺天绝汉统，死后欺人设疑冢。人生用智死即休，何有余机到丘垄。人言疑冢我不疑，我有一法告君知。直须发尽冢七二，必有一冢藏君尸。"

曹操生前还主张薄葬，他的遗嘱里充分体现了薄葬思想。如天下未定，死后不要按古代丧葬礼制大办丧事；要为他穿着平常的衣服入殓，不要用金玉珍宝陪葬；安葬后百官就要脱掉丧服等。这在当时是很了不起的。曹操主张薄葬，不仅是为了节约开支、安定民心，为大臣做榜样，而且也是为了避免被盗墓者盗掘。曹操死后，曹丕遵照父亲遗嘱，为曹操举办了简单的葬礼。

经河南省专家论证，确认河南省安阳县安丰乡西高穴村南的东汉大墓就是史籍记载中曹操的高陵。根据有：一、墓葬的年代相符；二、墓葬规模与身份相符；三、墓葬地面情况与曹丕《终制》相符；四、墓葬位置与文献资料中记载的高陵相符；五、大墓附近出土文物旁证相符；六、称谓相符，发掘出土的铭牌中有7块刻有"魏武王"三个字；七、遗骨相符；八、出土物与曹操薄葬的遗令相符。

高穴村高陵墓平面为甲字形，坐西向东，是一座带斜坡墓道的双室砖券墓，规模宏大，结构复杂，主要由墓道、前后室和四个侧室构成。斜坡墓道长39.5米，宽9.8米，最深处距地表约15米；墓圹平面略呈梯形，东边宽22米，西边宽19.5米，东西长18米，大墓占地面积约740.78平方米。

这座东汉大墓，曾经多次被盗掘，但仍幸存着一些重要的随葬品。据统计，出土器物250余件，包括金、银、铜、铁、玉、石、古、漆、陶、云母等多种质地。器类主要有铜带钩、铁甲、铁剑、铁镞、玉珠、水晶珠、玛瑙珠、石圭、石壁、石枕、刻铭石牌、陶俑等。其中刻铭石牌共出土59件，有长方形、圭形等，铭文记录了随葬物品的名称和数量。极为珍贵的有8件，分别刻有"魏武王常用挌虎大戟"、"魏武王常用挌虎短矛"等铭文。在追缴回来的被盗的一件石枕上刻有"魏武王常用慰项石"铭文。

同时，这座东汉大墓还出土了大量画像石残块。这批画像石画工精细娴熟，雕刻精美，内容丰富，有"神兽"、"七女复仇"等图案，并刻有"主簿车"、"咸阳令"、"纪梁"、"侍郎"、"宋王车"、"文王十子"、"饮酒人"等文字，是汉代画像石中罕见的精品。

▲ 曹操高陵发掘现场

"薄葬典型"魏文帝首阳陵

首阳陵是魏文帝曹丕的陵墓。据《三国志·魏书·文帝》记载,黄初三年(222年)冬十月,曹丕把自己的陵墓定在首阳山,并下了一道关于后事安排的诏书,称为《终制》。曹丕认真总结了历代帝王厚葬的教训,制定了自己死后的丧葬制度。他的结论是:"自古及今,未有不亡之国,亦无不偏之墓。"并认为一些帝王陵墓不仅被盗,而且尸骨都不能保全,都是因为厚葬封树的原因。并且要求为自己丧葬时以山为陵,不立寝殿,不造园邑,使后世人们不知道埋葬他的准确地址;入葬时陵内不施苇炭,不藏金银铜铁,都用瓦器代替;棺椁只漆三遍,不饰珠襦玉匣;皇后、贵人另葬;如违背这个制度,以不忠不孝论处。《终制》情切意真,非常感人。

黄初七年(226年)五月,曹丕病重,下诏命令曹真等辅佐曹叡,后宫淑媛、昭仪以下宫人各自回归家乡。当月,曹丕病逝在洛阳宫内,终年40岁。六月安葬在首阳陵。据《三国志·魏书·文帝》记载,曹丕死后,丧葬都按他的《终制》办理。首阳陵因山为陵,没有地面建筑,所以现在只知道大致方位在渑池县首阳山东面,但不知道准确位置。

曹丕虽然在位时间很短,但还是作出了一些贡献。曹丕称帝后修复洛阳,营建五都。他重视文教,221年下令人口达十万的郡国每年察举孝廉一人。同年又重修孔庙,封孔子后人为宗圣侯。224年恢复太学,设立春秋谷梁博士。在经济方面,恢复生产,与民休息;发展屯田制,施行谷帛易市,稳定社会秩序。黄初末年,魏国国库充实,累积巨万,基本解决了战争造成的通货膨胀

> **知识链接**
>
> 魏文帝曹丕(187-226年),字子桓,沛国谯县(今安徽省亳州市)人。他是曹操的次子,是三国时期魏国的开国君主。他定国号叫魏,年号黄初,把都城从许昌(原许县)迁到洛阳。220-226年在位,庙号高祖(《资治通鉴》叫世祖),谥号文皇帝(魏文帝)。曹丕是三国时期著名的政治家、文学家。与他父亲曹操、弟弟曹植一起被称为"三曹",创下了有代表性的建安文学。他写的《典论·论文》,是我国较早的文艺理论批评专著。明朝人将他的诗文编成《魏文帝集》,一直流传到现在。

珍藏中国 中国的陵墓

问题。在政治方面，创立九品中正制，巩固中央集权，限制后党权利，削夺藩王权利，建立防辅制度。设立中书省，发展校事官制度。在军事外交方面，册封孙权为吴王，取得优势，使吴国臣服魏国的和平时期长达7年之久，赢得发展机遇。征服北方蛮族鲜卑和高句丽，开拓疆域达到漠北和朝鲜半岛，解除了边疆之患。

曹丕是一个无神论者。早在当太子时他就认为：人生有形体，死后仅是一棺之土，只有立德扬名，才能万世不朽。称帝后，他主张纠正厚葬风俗。曹丕可以称得上是一位通脱的帝王。

▲魏文帝曹丕

▲曹操、曹植、曹丕三父子塑像

"昭烈皇帝"惠陵

惠陵是昭烈皇帝刘备的陵墓。史书记载,章武三年(223年)四月,蜀先主昭烈皇帝刘备病死在永安宫(今四川奉节县城内),五月遗体运回成都,八月葬在惠陵。惠陵在四川成都市南郊,与昭烈庙、武侯祠相连。昭烈庙、武侯祠原来在惠陵西侧。武侯祠在4世纪初期兴建,明朝初期把武侯祠合并进昭烈庙里,后来在战火中损毁。清朝康熙十一年(1672年),在惠陵东侧重建了昭烈庙和武侯祠。

惠陵呈圆锥形,高度只有12米,环绕陵墓砖墙的周长也只有180米,占地3亩,形状像个小丘。树木参差,绿草茵茵,古柏森森。四周围墙环绕,万竿修竹,枝叶婆娑,寂静清幽。陵墓建筑由照壁、栅栏门、神道、寝殿等组成,排列在南北方向的中轴线上,自成一体。照壁长10米,高5米,正中镶嵌菱形石雕,上面刻着双龙戏珠,与四角石雕蝙蝠相映成趣。栅栏门宽12米,进深7米,三开间,正中悬挂"汉昭烈陵"匾额。神道两旁翠柏绿树参差错落。墙后嵌着康熙七年(1668年)的"汉昭烈之陵"石刻横额一块,墓前面是清朝乾隆五十三年(1788年)立的"汉昭烈皇帝之陵"石碑一通,表达了清代的两位拓疆皇帝对先朝义帝的景仰。

惠陵旁边,就是纪念刘备的古建筑群昭烈庙,规模宏大、布局严谨。昭烈庙的初建时间和规模、布局、建筑情况,现在都不清楚。但从我国古代帝王陵寝的建筑规制来看,一般说来,昭烈庙或者说刘备庙的初建时间,应当是与惠陵同时期的,即便稍晚,也不会拖得很久。后来,人们把祭祀诸葛亮

> **知识链接**
>
> 昭烈帝刘备(161—223年),字玄德,汉族,涿郡涿县(今河北省涿州)人,汉朝中山靖王刘胜的后代,三国时期蜀汉的开国皇帝,221—223年在位。刘备是三国时期的军事家、政治家。他与孙权结成孙刘联盟,208年在赤壁大战中战胜了势力强大的曹操,后来得到荆州五郡,夺取益州。击退曹操,夺取汉中后,刘备在219年7月自立为汉中王。221年,在成都登上皇帝位,年号章武。第二年讨伐东吴失败,损失惨重,退回白帝城。223年因病逝世,享年63岁,谥号昭烈帝,蜀汉后人尊称为先主。

珍藏中国 中国的陵墓

▲ 汉昭烈帝惠陵

的武侯祠，也迁到了昭烈庙和惠陵的旁边。武侯祠是唐朝以前建的，起初与祭祀刘备的昭烈庙相邻，明朝初期重建时将武侯祠并入了"汉昭烈庙"，形成昭烈庙与现存武侯祠君臣合庙。这是全中国唯一的君臣合祀祠庙。

汉昭烈庙占地面积56亩。全庙建筑分为左路、中路和右路三大部分。主体建筑有大门、二门、刘备殿、过厅和诸葛亮殿，从前往后，依次排列在中路的中轴线上。刘备殿是昭烈庙中的主体建筑。殿中供奉着高达三米的刘备塑像。刘备头戴王冠，身穿金龙袍，手执玉圭，俨然是一副帝王的模样。旁边有他的孙子刘湛的塑像。在刘备殿的两侧，还有东偏殿和西偏殿，东廊和西廊。在昭烈庙中，不但古柏森森、气氛庄严肃穆，而且保存的文物也很丰富，珍贵物品数量很多。

大门匾额上写着"汉昭烈庙"。大门内到二门之间浓阴丛中有六通石碑，两侧各有一个碑廊。在西侧碑廊内是明代《诸葛武侯祠堂碑记》，明朝嘉靖二十六年立，四川巡抚张时彻撰写的碑文。在东侧碑廊内是唐代"蜀汉丞相诸葛武侯祠堂碑"，高367厘米，宽95厘米，唐宪宗元和四年立，有很高的文物价值，是国家一级文物。碑文由唐朝著名宰相裴度撰写，文章绝世；书法家柳公绰书写，书法绝妙；名匠鲁建刻字，雕刻精巧。文章、书法、刻技都是精品，都出自名家，所以被称为"三绝碑"，是祠内最为珍贵的文物。碑文分为序和铭两部分，称颂诸葛亮的功德，对诸葛亮的一生，作了重点褒评，竭力赞颂诸葛亮的高风亮节、文治武功，并以此激励唐代的执政者。

二门之后是刘备殿，为单檐歇山式建筑。殿门两侧是清朝人完颜崇实撰写的对联："使君为天下英雄，正统攸归，王气钟楼桑车盖；巴蜀系汉朝终始，遗民犹在，霸图余古柏祠堂。"殿内正中有刘备贴金塑像，左侧陪祀的是他的孙子刘谌。据说，由于刘禅昏庸无能，不能守基业，他的塑像在宋、明两代几次被毁，后来就没有再塑像，所以这里没有摆放刘禅的塑像。在刘

▲诸葛亮殿

备殿两侧都有偏殿。在东偏殿中，有关羽、关平、关兴和周仓的塑像。在西偏殿中，有张飞、张苞等祖孙三代的塑像。两侧的东廊和西廊，人们都叫文臣武将廊，廊中有蜀汉政权的重要文臣和武将的塑像。文臣中有庞统、蒋琬、费祎、董允等；武将中有赵云、马超、黄忠、姜维等。刘备殿、东西偏殿和东西廊的布局和人物塑像，就是蜀汉政权宫廷的缩影。

刘备殿的后面是一座过厅，挂有"武侯祠"匾额。过厅两侧的对联是：

"三顾频烦天下计，一番晤对古今情"。上联用的是唐朝著名诗人杜甫的诗句，下联是董必武先生写的。

过厅后面就是诸葛亮殿，悬挂的匾额上写的是"名垂宇宙"。两侧是清朝人赵藩撰写的"攻心"对联："能攻心则反侧自消，从古知兵非好战；不审势即宽严皆误，后来治蜀要深思"。这副对联盛名久远，借对诸葛亮、蜀汉政权及刘璋政权的成败得失的分析总结，提醒后人在治蜀、治国时借鉴前人的经验教训，要特别注意"攻心"和"审势"。殿内塑有诸葛亮、诸葛瞻、诸葛尚祖孙三人的神像。他们都是为蜀汉政权的存在和巩固而捐躯的，世人称为三代忠良。诸葛亮面容沉静，两眼有神，羽扇纶巾，一副深谋远虑的神态。殿内还陈列着铜鼓。铜鼓原来是西南地区少数民族的一种炊具，后来发展成为乐器。诸葛亮南征的时候，它既是战鼓，又是饭锅。由于人们尊崇诸葛亮，这种铜鼓也被叫做诸葛亮鼓，并且连发明权也归在诸葛亮身上了。

▲惠陵的文官石像

惠陵南侧的"武侯祠文物陈列室"是由郭沫若撰写并手书的。陈列着出土的蜀汉文物复制品和三国历史图片。武侯祠的字画、对联很多，其中最引人注目的是现代书法家沈尹默书写的《隆中对》，还有岳飞手书的诸葛亮的《出师表》。

刘备的陵墓，也受到了人们精心的保护。《太平寰宇记》记载，唐朝大中年间（847-860年），剑南西川节度使李回，还在惠陵设置了守陵户，负责惠陵的保护、打扫和四时的祭祀。也是因为人们精心保护，昭烈皇帝刘备的惠陵，才能保存到现在。

四 | 走进五千年帝陵

吴大帝蒋陵

蒋陵又叫吴王坟,是吴大帝孙权的陵墓。孙权(182-252年)字仲谋,吴郡富春县(今浙江富阳)人。三国时期吴国的开国皇帝,229-252年在位。他是卓越的政治家,传说是中国军事家孙武的后裔。

孙权在位期间平定了山越人的叛乱,统一了江南到两广的广大地区,为开发长江流域和珠江流域奠定了基础,并在山越地区设立郡县,促进了江南土地的开发。他还设立了典农校尉和典农都尉,专门负责管理那些俘虏来的山越人,从事农业生产,对这些人完全采用军事编制,实行军事管理,从而促进了农业的迅速发展。孙权还发展了海上交通。孙权曾派人大规模航海,加强对夷州(台湾)的联系。但同时,称帝后的孙权日益骄奢,宠信吕壹,丞相顾雍无故被杀,丞相陆逊忧愤而死。而且赋役繁重,刑罚残酷,人民经常起义反抗。在立太子方面,孙权也犯了很大的错误。太子孙登夭折后,孙权先废除孙和,又赐死孙霸,最后立孙亮为太子,这为日后的吴宫政变埋下了祸根。

▲孙权

太元元年(251年),天起飓风,拔掉了孙权祖陵中的松柏,孙权受惊得病。不久,皇后潘氏被宫女扼死,孙权病情加重,第二年就病死在建业宫中,享年71岁。后葬在蒋陵,谥号大皇帝,庙号太祖。

吴大帝孙权的陵墓叫蒋陵,又叫吴王坟,古称孙陵岗,在南京市钟山南麓,明孝陵正南300米。在南京民间还流传说,明太祖为了建造孝陵,下令迁移这一带墓冢、寺庙的时候,曾说:"孙权也是一条好汉,就让他给我守门吧。"因此在建明孝陵时孙权墓没有被破坏,而明孝陵的神道只好绕过孙陵岗,这就是明孝陵的神道为什么不笔直的原因。孙陵岗因山上广植梅花,所以又叫"梅花山"。每逢春天,山上梅花怒放,花团锦簇,游人纷纷而至。南京人去梅花山赏梅迎春,已经成为一种习俗。

中国的陵墓

知识链接

孙权是长沙太守孙坚的次子。孙权"少察孝廉，举茂才，行奉义校尉"。幼年跟随哥哥孙策征讨江东。汉朝建安五年（200年），孙策去世，孙权继位成了江东的主子。他广揽人才，得到张昭、周瑜、程普等人的辅助，鲁肃、诸葛瑾等是他的宾客。建安十三年（208年），曹操夺取荆州后，沿江而下，来打东吴。大臣们害怕曹操强大的军事力量，绝大多数人都主张投降曹操，只有周瑜等少数人主张跟曹操打。孙权摈弃群臣建议，任命周瑜、程普为左、右都督，联合刘备，组成孙刘联军，在赤壁大破曹军。孙权在取得赤壁之战的胜利后，依靠长江天险，又多次击退北方曹魏的进攻。曹操的次子曹丕正式取代汉朝、建立魏国后，孙权表面臣服，暗中争取时间巩固政权基础，曹、孙、刘三分天下的局面初步形成。219年，孙权从刘备手中夺得荆州，使东吴的领土面积大大增加。魏国黄初二年（221年），接受魏国封号，称吴王。229年自称皇帝，正式建立吴国，在武昌建都，后来迁到建业（今江苏南京），先后统治江东五十多年。通过消灭各方割据势力，平定、降服少数民族山越，所管辖的范围由江东扩展到相当于现在福建、广东、广西、湖南的广大地区。汉朝末期以来，这些地区处于分裂状态，从此重归统一，社会经济得到恢复与发展。

吴大帝孙权的葬地，也是南京地区最早的六朝陵墓。孙陵岗还葬有孙权的夫人步氏和后妻潘氏，宣明太子孙登也葬在孙陵附近。如今的孙权墓遗址在明孝陵的梅花岗内。仅存一个石碑、一座石桥、一个注释牌和一座石像。

为了纪念孙权葬在梅花山这一历史遗迹，1993年，中山陵园在梅花山东麓新建了一座孙权故事园。园中心是一尊高大的孙权石像，高5.1米。石像西南侧有一座扇形的孙权故事画廊，嵌有12幅孙权故事浮雕石刻，生动再现了东吴大帝纵横驰骋的一生。

▲孙权墓

北魏孝文帝长陵

长陵是北魏孝文帝拓跋宏的陵墓,在河南省洛阳市西北约15千米处、孟津县朝阳乡官庄村邙山之巅。这里存有大小冢各一个,大的是高祖孝文帝的长陵,高35米,底部周长141米;小的是文昭皇太后的陵墓,高23米,底部周长110米。两冢相距约100米,当地俗称"大小冢"。

471年,拓跋宏才5岁的时候,献文帝就把皇位让给了他。北魏拓跋家一直引用汉武帝的老办法,"立其子杀其母",就是在立儿子做太子的同时,杀掉太子的母亲,以此来防止吕后那样的悲剧重演。拓跋宏的生母也是这样被杀死的。年幼的拓跋宏只能由祖母抚养。所以在471-490年的20年间,政权一直由太皇太后冯氏把持。

▲北魏孝文帝拓跋宏塑像

490年,24岁的拓跋宏开始亲自管理政务,大刀阔斧地进行汉化改革。孝文帝当政后的第一件大事,就是迁都洛阳。自从拓跋珪定都平阳(今山西大同)以来,北魏的首都一直没变过。但是平阳的地理位置偏北,很难控制整个北魏,加上北方柔然的骚扰,很不利于巩固北魏政权。另外,这里常年发生水旱等自然灾害,疾病肆虐,同时北方少数民族贵族居多,保守势力强大,不迁都、不改革,就不利于北魏政权的发展。于是,孝文帝在493年借口南伐,迁都到洛阳。

身为鲜卑族人的孝文帝拓跋宏,崇尚汉族文化,采用汉族的政治制度统治北魏,实行汉化。他带头学习汉族文化知识,推广教育,提高了鲜卑人的文化水平;改说汉族语言;改穿汉族服装;改变鲜卑姓氏;改变度量衡;与汉族通婚。他对汉族文化的推广,可以说是西、北方各民族陆续进入中原后民族融合的一次总结,对中华民族的发展起到了重要的作用。

孝文帝对北魏宗教艺术的发展也有很大贡献。孝文帝大力提倡佛教。在他统治期间,佛教迅速发展起来,同时推动了佛教艺术的发展。当时最重要的佛教艺术形式,就是石窟艺术。我国三大石窟之一的洛阳龙门石窟,就是孝文帝正式迁都洛阳那一年开始凿建的,为人类留下了一笔宝贵的文化遗产。驰名中外的少林寺,是孝文帝在太和十九年专门为远道而来的印度高僧

中国的陵墓

跋陀修建的；中国四大佛教名山之一五台山的佛教兴盛，同样也是在孝文帝时期。

位于孟津县境内的北邙山，地上古冢林立，地下墓葬密布，所以古时候有"生在苏杭，葬在北邙"的歌咏，有"邙山无卧牛之地"的说法。北邙山古墓葬跨越时代久、分布密度大、形制繁多、构筑复杂，是国内外都罕见的，是中华民族历史长卷的缩影，是中原河洛地区文明的佐证，也是优秀的旅游资源。

> **知识链接**
>
> 北魏孝文帝拓跋宏（467-499年），是北魏献文帝拓跋弘的长子，北魏的第六位国君，是一位卓越的少数民族的政治家、军事家和改革家。他的改革使北魏以"华夏之兴邦"的姿态出现在中国的历史舞台上，在中华民族文明史上写下了光辉的一页。

北魏孝文帝的长陵是北邙山最具代表性的古墓葬，长陵及其布局对研究我国墓葬制度发展、演变及影响具有较高的学术价值。2001年6月，国务院将长陵定为第五批全国重点文物保护单位。

长陵陵园为长方形，夯土围墙东西长440米、南北宽390米，墙体厚度3到4米，陵园总面积17万多平方米。围墙外有3到4米宽的壕沟。根据封土形状、墓道朝向等，说明长陵继承了东汉的皇陵葬制，与少数民族葬制有明显区别，是孝文帝汉化政策的反映，但比东汉的皇陵葬制又有变化。新中国成立前，长陵周围曾出土了许多元氏墓志，其中明确记载的陪葬、衬葬墓有元袭、元钻、元灵等。

▲ 龙门石窟卢舍那佛

北魏万年堂，是孝文帝的虚宫，就是孝文帝在迁都洛阳前选中的陵地，在山西省大同市北25千米的永固陵再往北约一千米处。万年堂是一座封土墓冢，规模比永固陵小。现存土冢高约13米，底部呈四方形，边宽约40米。墓室结构与永固陵相同。墓用砖砌，主室近似长形，通道中设前后两道石门，前室与墓道都已经被盗毁。孝文帝迁都洛阳后，这里就被废为虚宫。

四 走进五千年帝陵

隋唐盛世时期的帝王之陵

隋文帝泰陵

泰陵，是隋文帝杨坚的陵墓。和他巨大的历史影响力相比，隋文帝杨坚的最后归宿有些冷清。仁寿四年（604年），隋文帝病逝，同年十月与皇后独孤氏合葬在泰陵，同坟异穴。泰陵在咸阳城西75千米处三畤原上，杨陵区五泉乡双庙坡村。泰陵是隋朝仁寿四年兴建的，陵墓占地宽敞，规模宏大。

▲隋文帝泰陵

对残存的陵园基址勘探后得知，东西长756米，南北宽652米，总面积达49万多平方米，四周还保存有阙楼的基址。经历了一千四百多年的风风雨雨，泰陵更显古老沧桑。园内地面建筑和文物已经荡然无存，只留下土夯筑成、封土尚存的墓葬一座。墓葬整体呈覆斗形，底部东西横距166米，南北纵距160米，高27.4米。

陵前（陵冢南面）有一通清代石碑，碑高约3.5米，宽0.95米，厚0.28米，石质为石灰岩，圆首、有座，表面完整光洁，碑正文镌刻隶书"隋文帝泰陵"五个大字，右侧楷书"赐进士及第兵部侍郎兼副都御史陕西巡抚毕沅敬书"，左侧落款为"大清乾隆岁次丙申孟秋知扶风县事熊家振立石"。

隋文帝泰陵及其祠庙遗址内，遗物相当丰富。通过多次搜集，采集到许多文物。

这些文物大多以建筑材料为主，有铺地砖和砌墙砖两类。铺地砖有莲花方砖和菱形纹砖两种。莲花方砖长宽都是32厘米，厚5.5厘米，砖中央为浮雕莲花图案，角隅用蔓草装饰，四边低，阴刻联珠纹；菱形纹砖长宽都是31厘米，厚5.5厘米，一侧是网格饰纹，另一侧是素面而没有装饰。出土的条砖分为粗绳纹和素面两种，素面条砖火候很高、质地坚硬。出土的瓦有板瓦和筒瓦，都为轮制，厚薄不一。保存完好的板瓦较少，筒瓦较多，文饰外为素面、内为粗布纹的居多。

> **知识链接**
>
> 杨坚（541-604年），西魏大将军杨忠的儿子，弘农华阴（今陕西华阴）人，是隋朝开国皇帝，庙号高祖，谥号文皇帝。581年取代后周，建立隋朝，自称皇帝，年号叫开皇，首都建在长安（今陕西西安）。589年消灭了陈国，结束了近300年的分裂局面，统一了全国，为中国文化的发展奠定了基础，同时也为陵寝制度的复兴与发展提供了条件。隋朝的领土疆域西面到青海，北面到五原，东面和南面一直到大海边。
>
> 隋文帝在政治上有所作为，历史上称为"开皇之治"。他推行均田制，创立了科举制度，建立了一套比较完善的中央集权制度，为唐朝的政治、经济发展奠定了基础。
>
> 隋文帝勤于政务，体恤民间疾苦，在封建社会专制帝王中是极其罕见的。因重新统一中国，并营建大运河，隋文帝被列入《历史上最有影响的100人》书中。

四　走进五千年帝陵

其次还出土了大量的瓦当，主要分单瓣莲花瓦当、双瓣莲花瓦当、兽面当、云纹和菩萨瓦当，图案风格生动逼真，工艺考究。其中最为珍贵的是菩萨瓦当，仅发现一件，直径13厘米，已残缺不全。瓦当面用弦纹和联珠纹组成一个"桃心"形，中心一尊双手合十、结痂而座的菩萨，衣着纹饰已经看不清楚。现在保存在扶风县博物馆。这种以佛教内容为题材、以菩萨为文饰的瓦当，在出土文物中是非常罕见的。

▲隋文帝

另外，还有大量的陶脊饰物和其他建筑材料。这些文物的出土为研究隋朝的经济、文化、生活提供了珍贵的历史实物资料。

好大喜功炀帝陵

隋炀帝陵位于扬州，在我国历史上统一王朝帝陵中是极为罕见的，没有规制，只有黄土一小堆而已。

隋炀帝登上帝位后，有点始皇帝嬴政的遗风，营建东都洛阳，修长城、开驰道，开凿大运河。赋役繁重，人民生活在水深火热之中，苦不堪言，各地农民起义不断。运河开通后，炀帝乘龙舟巡幸江都（今江苏扬州），被禁军将领宇文化及等缢杀。

对于隋炀帝，历史上多用"荒淫暴虐"来评价他。隋朝末年李密曾经写诗抨击："罄南山之竹，书罪未穷；决东海之波，流恶难尽。"

隋炀帝死在江都宫流珠堂，后来葬在吴公台下。唐朝平定江南后，以帝礼改葬到雷塘现在的地址。隋炀帝是个亡国之君，口碑极坏，一千多年来他的陵墓都没有增建，已经年久荒芜。清朝嘉庆十二年（1807年），大学士阮元为他立碑建石，扬州知府伊秉绶隶书"隋炀帝陵"。

93

珍藏中国 中国的陵墓

唐朝诗人罗隐有诗写道:"入郭登桥出郭船,红楼日日柳年年。君王忍把平陈业,只换雷塘数亩田。"隋炀帝陵位于扬州市西北7千米的雷塘,邗江区槐泗镇隋炀帝东路。

进入陵区,高大的石碑楼横梁上书写着"隋炀帝陵"四个斗大的正楷字。陵门气势恢宏,宽敞的正门配两个偏堂。左偏堂是隋炀帝生平图片展览,陈列了数十幅图画,图文并茂地简略介绍了隋炀帝功过并存的一生;右偏堂为书画陈列室,悬挂了江苏省知名书画家的作品。其中,扬州文坛凤将、长篇历史小说《隋炀帝》的作者丁家桐书写的长轴最吸引人:"尽道隋亡为此河,至今千里赖通波。若无水殿龙舟事,共禹论功不较多。"

▲隋炀帝开凿大运河游玩

隋炀帝陵占地3万平方米,由石牌楼、陵门、城垣、石阙、侧殿、墓冢等组成。整个帝陵形制独特、气势雄伟,城垣、石阙、墓冢是世界上罕见的帝王葬式,是典型的隋唐建筑风格。

墓冢是十分整齐的平顶金字塔形,高12米,四边均为规则的等腰梯形,上下边长分别为8米和29米。墓前立有巨型墓碑,底座为阶梯式,上部为片状云,中部左上方刻有"大清嘉庆十三年在籍前浙江巡抚阮元建石",正中刻隶书"隋炀帝陵",右下方刻有"扬州府知府汀州伊秉绶题"。

▲隋炀帝陵

唐高祖献陵

献陵是唐高祖李渊的陵墓。李渊（566-635年），唐代开国皇帝，字叔德，祖籍陇西成纪（今甘肃秦安县）。祖父李虎，西魏时当过太尉。父亲李昞，当过北周的御史大夫、安州总管、柱国大将军。母亲是隋文帝独孤皇后的姐姐。北周武帝宇文邕天和元年（566年），李渊出生在长安，七岁因世袭继承被封为唐国公。长大后，倜傥豁达，宽仁容众。

隋炀帝即位后，李渊任荥阳（今河南郑州）、楼烦（今山西静乐）二郡的太守。后来被召为殿内少监，升迁成卫尉少卿。大业十一年（615年），被任命为山西河东慰抚大使。大业十三年（617年），担任了太原留守的职务。

当时，隋末农民起义遍布全国，政局动乱。李渊与他的次子李世民在大业十三

▲李渊

年五月起兵叛乱，并从河东（今山西永济西）召回长子李建成和四子李元吉。李渊叛乱后，一面派遣刘文静出使突厥，请求始毕可汗派兵马相助，一面招募军队，七月率师南下。这时瓦岗军在李密领导下与困守洛阳的王世充激战方酣，李渊乘机进取关中。

十一月攻下长安，在关中站稳了脚跟。李渊入长安后，把炀帝的孙子代王侑立为天子。第二年（618年）五月，李渊自己称帝，国号改为唐，年号武德，首都定在长安。不久，唐统一了全国。李渊在位时期，按隋文帝旧制，重新建立中央及地方行政制度，又修订律令格式，颁布均田制及租庸调制，重建府兵制，为唐代的职官、刑律、兵制、土地及课役等制度奠定了基础。贞观九年（635年）死在太安宫，葬在献陵，庙号高祖。

中国的陵墓

　　唐高祖李渊的陵寝献陵，在陕西省咸阳市三原县徐木乡永合村，为陕西省第一批重点文物保护单位。献陵坐北朝南，开始修建时没有陵邑，分为内外二城，规模宏大壮观。

　　献陵地面建筑378间，陵台呈覆斗形，在陵园中部偏东，底边东西长139米、南北长110米，顶部东西长30米、南北长10米，高19米。关于献陵的营建规划，唐太宗曾下诏让有关部门的大臣们讨论，决定按东汉光武帝原陵高六丈的规模营建。内城四面有门，门内各有一对石虎，把守城门，眼神机敏，四肢健劲。南门外300米有一对石犀，又约100米处有一对石华表。整个石刻品类极简，但雕刻艺术价值很高，浑厚质朴，造型刚毅，健壮粗犷，豁达昂扬。华表座上浮雕的龙和顶上圆雕的狻猊，用笔十分简洁，赋形极为生动。圆雕的虎、犀，形体高大，用写实的手法镌刻出猛兽的形象，粗壮的躯体，简练的线条，追求逼真而不注重外表的装饰，既刻画出兽性，又不致使人望而生畏，还能逗人喜爱，这是唐陵石雕艺术的代表和精品。

　　献陵附近有不少唐朝开国功臣、贵戚的陪葬墓冢，共有67座。已发掘或有墓碑的有李凤、李神通、李孝同、臧怀恪、樊兴等30多座。这些陪葬陵，宛如众星捧月，把献陵衬托得异常壮观。2000年，献陵被国家宣布为第五批全国重点文物保护单位。

▲唐高祖献陵神道旁的石兽

千古明君唐昭陵

昭陵是唐太宗李世民的陵墓。隋炀帝大业十一年（615年），炀帝被突厥始毕可汗率兵围困在雁门（今山西代县），年仅十六岁的李世民应募勤王，崭露头角。大业十三年（617年），李渊被任命为太原留守，李世民跟随父亲到了晋阳（今山西太原）。这时隋朝政权已经衰败，天下大乱，李世民广交天下英雄豪杰，积极招兵买马，准备举兵反隋，夺取天下。李渊在晋阳起兵以后，李世民与他的长兄李建成分统左、右两军，并肩作战，在大业十三年（617年）十一月攻克长安。唐朝建立后，李世民被任为尚书令、右武侯大将军，封为秦王。

> **知识链接**
>
> 唐太宗李世民（599—649年）是唐朝第二位皇帝，出生在武功（今陕西武功西北），是我国古代著名政治家、军事家、书法家、诗人。
>
> 李世民名字的意思是"济世安民"。关于这个名字的由来，还有一个小故事呢。李世民4岁跟随父亲李渊到岐州的时候，有个自称会相面的人拜见李氏父子，说李世民有"龙凤之姿，天日之表。年将二十，必能济世安民矣"。李渊听了又喜又忧。喜的是，按相面人的说法，自己李家将来可能成就大事；忧的是，如果相面人出去到处乱说，泄露天机，让隋炀帝知道了，不仅这个儿子小命不保，而且会给李氏家族带来灭顶之灾。于是想杀了相面人，然而相面人却突然不见踪影了。从此以后，李渊就按"济世安民"的意思，给自己的次子取名叫李世民。

唐朝建立以后，为统一全国，先后进行了六次大的战役，其中有四次战役都是李世民指挥的，全部取得了胜利，为唐王朝立下了赫赫战功。武德元年（618年）三月，盘踞金城（今甘肃兰州）的薛举、薛仁杲父子率部下进犯关中，李世民奉命率兵讨伐，击败了薛氏父子。武德二年（619年）十月，马邑（今山西朔州东北）人刘武周叛乱，相继打败李元吉等唐将，几乎占领河东全境。正当唐高祖李渊准备决定退守潼关以西时，李世民主动请缨，率兵三万，东渡黄河，一举击败了刘武周的精锐部队宋金刚部，并收降了骁将尉迟敬德等人。武德三年（620年）四月歼灭了刘武周，收复了河东全境。同年七月，李世民率兵挺进中原，势如破竹，相继收复了河南的多数郡县，生擒窦建德，迫降王世充，相继平定了隋末两股最强的势力。

李世民在战斗中特别注重战前侦察，虽然屡次遇险，但每次战斗都能做到知己知彼，善于制造战机。敌强我弱时，他经常用"坚壁挫锐"的战法拖垮敌人。在战斗中，他身先士卒，亲自率领骑兵突击敌阵，获得战役的胜利。在统一边疆的战争中，他知人善任，选拔良将，运筹帷幄，决胜千里，赢得胜利。李世民用他卓越的军事才能，为唐朝的建立和发展作出了巨大贡献。

由于秦王李世民才能出众、功勋卓著，使唐高祖李渊在帝位继承人的问题上大伤脑筋。同时，在战争过程中，李世民得到了一批能征善战、谋略过人的部下，如尉迟敬德、李靖、房玄龄等，大大提高了与太子李建成争夺帝位的能力，最终使兄弟两人的帝位之争进入白热化阶段。武德九年（626年）六月四日，李世民率秦府幕僚长孙无忌、尉迟敬德等，在宫城的北面玄武门内，一举杀死了大哥太子李建成和四弟齐王李元吉，这就是著名的"玄武门之变"。两天以后，唐高祖下诏将李世民立为太子。八月，唐高祖禅位成为太上皇，李世民登上帝位，就是唐太宗。第二年年初，唐太宗改年号为贞观。

登上帝位以后，李世民任用贤能，从善如流，虚心纳谏，闻过即改，视民如子，不分华夷。李世民对原来太子李建成的部下魏征等人，不仅不杀不罚，而且还安排重要职务，让他们参与朝政。他积极听取群臣的意见，努力学习文治天下，成为中国历史上最著名的政治家和开明君主之一。他消灭各地割据势力，在国内厉行节俭，使百姓休养生息，终于使得社会出现了国泰民安的局面，开创了历史上著名的"贞观之治"，为后来全盛的"开元盛世"奠定了基础，并把中国传统农业的发展推向鼎盛时期。周边很多民族纷纷将唐太宗尊为"天可汗"（意思是"像天一样伟大的领袖"），对他敬若神明，十分拥护和爱戴。

贞观二十三年（649年），唐太宗李世民病逝在翠微宫含风殿，同年八月埋葬在昭陵。昭陵是陕西关中"唐十八陵"中规模最大的一座，在陕西省礼泉县城东北22.5千米的九嵕山上。

昭陵依九嵕山峰，凿山建陵，开创了唐朝封建帝王依山为陵的先例。据

四 | 走进五千年帝陵

▲唐太宗李世民墓（昭陵）

说，贞观十年文德皇后临死时对唐太宗说"请因山而葬，不需起坟"（《旧唐书》卷五），要求俭薄。文德皇后死后葬在昭陵。关于以山为陵制度的原因，在文德皇后被安葬后，唐太宗撰文刻石的碑上写着："王者以天下为家，何必物在陵中，乃为己有。今因九嵕山为陵，不藏金玉、人马、器皿，用土木形具而已，庶几好盗息心，存没无累。"这里所说因山为陵，不藏金玉，与其说是为了俭薄，不如说是为了"好盗息心"更恰当些。虞世南上书唐太宗时就说过："自古及今……未有不掘之墓。"因此，唐朝初期以山为陵，目的就是为了利用山岳的雄伟形势防止盗掘。

昭陵工程是唐代著名工艺家、美术家阎立德、阎立本兄弟精心设计的。它的平面布局既不同于秦汉以来的坐西向东，也不是南北朝时期的"潜葬"体制，而是仿照唐朝长安城的建制设计的。长安由宫城、皇城和外廓城组成。宫城居全城的北部中央，是皇帝起居的地方；皇城在宫城之南，为百官衙署（就是政治机构）；外廓城从东南北三方拱卫着皇城和宫城，是居民区。

昭陵的陵寝在陵园的最北部，相当于长安的宫城，可比拟皇宫内宫。地下是玄宫，地面上围绕山顶建为方形小城，城四周有四垣，四面各有一门。据史书记载，昭陵玄宫建筑在山腰南麓，穿凿而成。初建时驾设栈道，长400米，即230步。文德皇后安葬进玄宫后，栈道并没有拆除，而是在栈道附近建造房舍，安排宫人居住，像对待活人一样对待文德皇后。等到唐太宗李世民再安葬进去后，才拆除栈道，使陵墓与外界隔绝。玄宫深75丈，石门五道，中间为正寝，是停放棺椁的地方；东西两厢排列着石床，床上放着许多石函，里面装着殉葬品。墓室到墓口的通道上，用三千块大石砌成，每块石头有两吨重，石与石之间相互铆住。

据《旧五代史·温韬传》记载："宫室制度闳丽，不异人间"。陵墓的外面又建造了华丽的宫殿，苍松翠柏，巨槐长杨。杜甫在《重经昭陵》诗中说："灵寝盘空曲，熊罴守翠微。再窥松柏路，还见五云飞。"在主峰地宫山的南面，是内城正门朱雀门。朱雀门内有献殿，是朝拜祭献用的地方，与门阙距离很近。整个献殿遗址的面积只有10平方米，加门阙南面约20平方米的场地，仍然是一个狭小的遗址。在这里曾出土残鸱尾一件，经复原后高1.5米，宽0.6米，长11米，以这件文物的高度来推测，献殿的屋脊高度应该在10米以上，应该是重檐九间，才能合乎比例。门阙之间约5米，正好在献殿正中。由此可以推想这座殿堂是多么高大，所有这样的殿宇楼阁构成的建筑整体，又是多么宏伟。

献殿南面过20米的场地，是横向的一条深沟，证明这里不可能有别的石刻，也不可能再有别的建筑物。九嵕山属石灰岩质，长期遭受高空风雨的剥蚀，山洪冲刷，不仅山陵建筑没能保存下来，就连原有的山势形体也改变了不少。但仍然可以大略辨别当年陵寝构造遗留痕迹：山势外形呈马鞍形（当地俗称笔架山），南面山体两侧岩层伸出，呈簸箕形状；山腰残存有窑洞、窟窿等痕迹，可能与当年栈道建筑有关。根据文献记载，昭陵建筑时，在南面山腰凿深75丈为地宫，墓道前后有石门5重；墓室内设东西两厢，列置许多石函，内装随葬品。五代时的军阀温韬盗掘昭陵，记载有"从埏道下见宫室制度，宏丽不异人间"，可以想象这个"山下宫殿"内部寝殿层层、宏丽壮观的情景。

风雨乾陵无字碑

乾陵，是唐高宗李治和大周女皇武则天夫妻二人的合葬墓，著名的无字碑是评价武则天的碑。

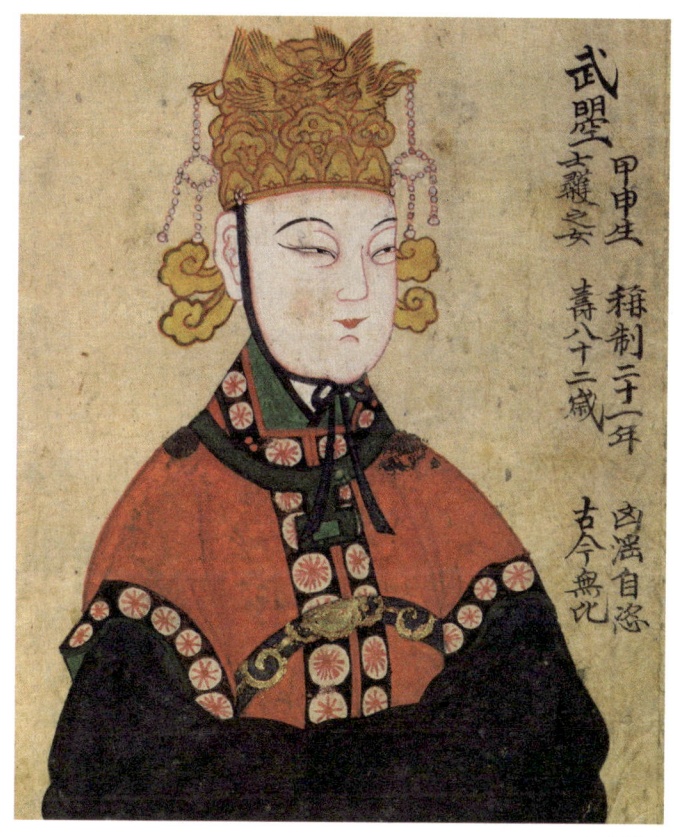

武则天是中国历史上唯一一位女皇帝。千百年来，不断有人对她的是非功过进行评说，而她对自己是好是坏没有说一个字，只是给后人留下一块"无字碑"。这块默默承载着女皇功过是非的无字墓碑在哪里呢？

▲武则天

乾陵在陕西省咸阳市西北方50千米的梁山北峰，合葬着唐王朝皇帝唐高宗李治和女皇帝武则天。无字碑就立在乾陵的东侧。

武则天（624-705年），并州文水（今山西文水县）人，人们根据她的封号把她称为武则天。他父武士彟原是木材商人，后来追随李渊起兵，唐朝初期官做到工部尚书、利州都督。

武则天从小就聪慧敏俐，极善表达，胆识超人。父亲深感她是可造人才，就教她读书识字，使她通晓世理。史书记载，武则天十三四岁时，已经博览群书，博闻强识，诗词歌赋也都奠定了一定基础，而且有书法特长。

武则天是唐太宗李世民的才人，后来又成了唐高宗李治的皇后。"性巧慧，多权术"，"素多智计，兼涉文史"。她在协助高宗处理军国大事、辅佐朝政三十年后，亲自登上帝位，自称圣神皇帝，改国号叫周，成为中国历史上空前绝后的女皇。武则天通晓文史，善于权谋，手段残酷。她称帝后，广开仕途，开创殿试、自举、武举制度，广泛吸纳人才；奖励告密，任用酷吏，屡兴大狱，打击士族显贵，以维护自己的绝对统治地位。

在她统治近50年间，社会政治、经济和文化各方面都得到了蓬勃发展。同时，加强和改善了唐王朝与边疆各少数民族的关系。晚年豪奢专断，宫闱秽乱，她的侄儿武三思把持朝政，政宪大乱。

从她参与朝政，到自称皇帝，再到因病移居上阳宫，前后执政近半个世纪。上承"贞观之治"，下启"开元盛世"，历史功绩，昭然于世。正如宋庆龄对她的诚恳评价："武则天是封建时代杰出的女政治家。"

唐高宗李治（628-683年）是唐太宗李世民的第九个儿子，亲生母亲是文德皇后长孙氏。16岁时在舅父长孙无忌的帮助下被立为皇太子。贞观二十三年（649年）六月登上帝位。

李治并不是以前史家所说"昏庸无能、怯弱平庸"的人。即位初年，他"载怀千古，流鉴百王"，立志要做中兴英主，建成大唐万世基业。在长孙无忌、褚遂良等元老重臣的辅佐下，他恭勤国事，礼贤下士，认真执行太宗皇帝的贞观遗规，垦殖荒田，推行均田制，发展科举制度。社会政治清明，经济繁荣，人民安居乐业，人口迅速增加，唐朝对外势力进入中亚地区。所以史书评价高宗皇帝初期"永徽之政，百姓阜安，有贞观之遗风"。

李治中年后，因"风眩头重，目不能视"，就委托武则天处理朝政。武则天借机独揽大权，专擅朝政，"权与人主侔矣"。文明元年（684年）五月，武则天遵照高宗李治遗愿，命令睿宗护送高宗灵驾返回长安，八月安葬在梁山乾陵。

乾陵在684年兴建，经过23年的时间，工程才基本完工，气势雄伟壮观。梁山有三座峰，北峰最高，海拔1047.9米。南面两峰较低，东西对峙，中间为司马道，所以把这两座山峰叫做"乳峰"。

据史书记载，陵墓原有内外两重城墙，四个城门，还有献殿、阙楼等许多宏伟的建筑物。城墙四面，南有朱雀门，北有玄武门，东有青龙门，西有

四 走进五千年帝陵

白虎门。从乾陵头道门踏上石阶路，有537级台阶，台阶高差为81.68米。走完台阶是一条平宽的道路直到"唐高宗陵墓"碑，这条道路就是"司马道"。两旁现有华表1对，翼马、鸵鸟各1对，石马5对，翁仲10对，石碑2通。东面是无字碑，西面是述圣记碑。有王宾像61尊，石狮1对，周围还有17座陪葬墓。

"唐高宗陵墓"墓碑高2米，是陕西巡府毕源为高宗所立，原碑已毁坏，现在这块碑是清朝乾隆年间重建的。这块碑右前侧另有一块墓碑，是郭沫若题写的"唐高宗李治与则天皇帝之墓"12个大字。在南门外，西面有为高宗皇帝歌功颂德的《述圣记碑》，东面有评价武则天的《无字碑》，另外有参加高宗葬礼的中国少数民族首领和友好国家使臣的石刻像61尊。

▲唐乾陵无字碑

珍藏中国 中国的陵墓

盛世桥陵

桥陵，又叫桥冢，是唐睿宗李旦的陵墓。桥陵在陕西省渭南市蒲城县城西北15千米的丰山。丰山海拔751米。这里峰峦起伏，沟壑纵横，形成各自独立的山头。向南原野辽阔，与秦岭诸峰遥遥相对，山川壮丽，气象万千。据记载丰山叫金帜山，也叫金栗山和苏愚山。当地人们根据它展翅欲飞的天然形势，称它为凤凰山。

▲桥陵的石兽及华表

桥陵以山为冢，在山腹开凿地下宫殿，在地面上绕山筑城，四面各开一门，分别是东门青龙门、西门白虎门、南门朱雀门、北门玄武门，陵园周长约13千米，因为是在开元盛世修建的，各种设施十分崇厚。虽然历经了1000多年的风蚀雨剥，但是所保留的石华表、石鸵鸟、石马、石人、石狮等40多尊巨大石刻却依然眉目清晰、生动自然。石雕排列成行，气势磅礴，蔚为壮观，真可以说是盛唐石刻艺术的露天展览馆。

> **知识链接**
>
> 唐睿宗李旦（662-716年），又叫旭轮，是唐高宗李治的第八个儿子，是武则天的幼子，唐中宗是他兄长。睿宗于龙朔二年（662年）六月一日出生在长安蓬莱宫含凉殿，当年十一月十八日就被封为殷王。开初名叫旭轮，后来去掉旭字单名叫轮，永隆二年（681年）被改封豫王时改名叫旦。史书记载李旦"谦恭孝友，好学，工草隶，尤爱文字训诂之书"，著名的景云铜钟的铭文和武则天的母亲杨氏顺陵的墓碑都出自睿宗的手笔。他一生两度登基、两让天下，在位时间是文明元年到载初二年（684-690年）、景云元年到延和元年（710-712年），共在位8年。712年做了太上皇，禅位给李隆基（唐玄宗），开元四年（716年）六月病逝在长安宫中的百福殿，享年55岁，安葬在桥陵，谥号玄真大圣大兴皇帝。

根据记载,桥陵当时的地面建筑除了雄伟的九间献殿外,还有几座阙楼及下宫、陵署等,房屋建筑达140间。

陵园设有陵台令及主文、主乐、主辇、典事等官员23人,陵户400人。还设有折冲府,专门有官兵负责保卫工作。天宝十四载(755年),杜甫由长安到奉先看望家人,除写成有名的《自京赴奉先县咏怀五百字》的长诗外,还写有《桥陵诗本十韵因呈县内诸葛官》。诗句有"先帝昔晏驾,兹山朝百灵,崇冈拥象设,沃野开天庭","石门霜露白,玉殿莓苔青。宫女晓知署,祠官朝见星"。诗中对渭南桥陵的建设及宫女供养犹如皇帝生前一样的情况,作了形象的描述。陵园地面建筑虽然已经荡然无存,但根据现存的遗迹特别是石刻群,仍然可以推断出,陵园布局匀称,加上墙壁衬托,气势宏伟壮观。

1988年,桥陵被国务院确定为国家重点文物保护单位。随着考古和旅游事业的发展,桥陵地下宫殿的奥秘将呈现在我们面前。

▲唐睿宗李旦桥陵

珍藏中国 中国的陵墓

寂寞泰陵

泰陵是唐玄宗李隆基的陵墓,在陕西省浦城县东北15千米五龙山余脉金粟山南。金粟山海拔716米,山峦起伏,逶迤蜿蜒。泰陵也是以山为陵,山腹中建造墓室,四周绕陵筑墙。这里长眠着曾经励精图治、赢得开元盛世的唐玄宗李隆基。

▲泰陵

李隆基是唐睿宗李旦的第三个儿子,亲生母亲是德妃窦氏,武则天垂拱元年出生在东都洛阳。景龙时期,唐中宗李显的皇后韦氏想效法武则天当女皇,阴谋取代唐中宗。景龙四年,韦氏和她女儿安乐公主合谋毒死中宗李显,把温王李重茂立为皇帝,自己临朝摄政,总揽大权。当时26岁的临淄王李隆基和他姑母太平公主发动政变,诛杀了韦皇后及其党羽,拥立父亲相王李旦当了皇帝。李隆基因功被封为平王,后来被立为皇太子。

唐睿宗李旦非常尊重平诛韦后、拥立自己的胞妹太平公主,常与她商议朝政。一时间使极具权术的太平公主权倾天下,"宰相七人,五出其门"。太平公主非常忌惮年轻有为的李隆基,想图谋废除他的皇太子地位。李旦为断绝太平公主与儿子李隆基争夺皇位的念头,断然在景云三年把皇帝位早早让给儿子李隆基,自称太上皇。李隆基与宰相郭元镇、内给事高力士等捕诛太平公主及其心腹后,才算掌握了全部皇权,结束了多年的宫廷内乱,君临大唐王朝。

李隆基登上帝位初期,满怀壮志,先后任用姚崇、宋璟、张说、韩休、张九龄等经验丰富、才干杰出的政治家为宰相,整顿吏治,励精图治,到开元二十五年前后,唐王朝各项改革和调整基本完成,社会秩序安定,经济文化稳步发展,一派升平的气象,历史上称为"开元盛世"。杜甫有诗赞道:"忆昔开元全盛日,小邑犹藏万家室。稻米流脂粟米白,公私仓廪俱丰实。"

暂时的升平景象,使胸怀宏图的唐玄宗李隆基陶醉不已,他自感振兴唐王朝的功业已经成就,开始贪图安逸。天宝四年,唐明皇把他儿子李瑁的妃子杨玉环纳为自己的皇妃,每天只顾与杨玉环在华清宫游玩欢宴。诗人白居易《长恨歌》说:"云鬓花颜金步摇,芙蓉帐暖度春宵。春宵苦短日高起,从此君王不早朝。"

▲泰陵石马

晚年的唐玄宗李隆基朝政松弛,佞臣当道,最终把大唐王朝的江山推到了崩溃的边缘。马嵬兵谏后,太子登上帝位,肩负起平剿安史之乱的重任。玄宗李隆基做了太上皇,完全失去自由,过着凄凉而孤独的生活。

开元十七年(729年),李隆基拜谒父亲唐睿宗李旦的桥陵,走到金粟山,见这座山有龙盘凤息的气势,对手下人说:"吾千秋后,宜葬此地。"于是,唐玄宗李隆基的陵墓泰陵就定在了这里。泰陵规模浩大,方圆达38千米,设置分内外两城,布局酷似京城长安。现存石刻有华表、天马、鸵鸟、石翁仲、石狮等。这些石雕刻工细腻,形象逼真,线条流畅,是我国石刻艺术的瑰宝珍品。陪葬在泰陵的有元献皇后和内侍高力士。1971年,在这里发现了200多年前早已断裂丢失的高力士墓碑下半部分,与原发现的上半部分相接成全,通高4米,为研究高力士这个人和唐朝历史提供了宝贵的实物资料。

知识链接

唐玄宗李隆基(685—762年)又称唐明皇,是中国历史上最具传奇色彩的皇帝之一。因"开元之治",他把唐王朝推上极盛的巅峰;因"天宝之乱",他又把唐王朝推向几致覆亡的深渊;一折《长生殿》,使他流传千古;一曲《长恨歌》,又使他遗恨终生。

唐顺陵

顺陵是武则天的母亲杨氏的陵墓，在咸阳市东北20千米处的渭城区底张镇韩家村。杨氏咸亨元年（670年）去世后，是按王的礼制等级安葬的。天授元年（690年）武则天做了皇帝以后，追封母亲杨氏为孝明高皇后，改墓称陵，于是就有了顺陵。

▲唐顺陵石翁仲

顺陵是方锥形陵丘，高12.6米，底部周长186米。陵园有内城和外城。外城东西宽866米，南北长1246米；内城也叫皇城，为方形，周长1196米，四角夯土墙仍很明显。外城是墓改为陵后扩建的，现有石人13件、石羊1尊、石坐狮1对、莲花座1件、华表顶1件、石础1对、石走狮1对、天禄1对。走狮和天禄是顺陵石刻中的精品。石走狮体积巨大，造型雄伟，呈阔步缓行姿态，气势磅礴，威武有力。天禄（又叫独角兽）头似鹿，身似牛，有双翅，翅上雕有美丽的卷云花纹，足为马蹄，尾垂与石座相连。

顺陵的《大周无上孝明高皇后碑铭》，是武三思撰文，相王李旦（就是唐睿宗）书丹。全文4000多字，其中有武则天造的字16个。原来这通碑高大雄伟，明朝嘉靖乙卯年（1555年）关中大地震时断成多节，保存到现在的只有9块，在咸阳博物馆里。

▲唐顺陵石雕独角兽（天禄）

三 藏王陵

藏王陵也叫藏王墓，是吐蕃王朝藏王（赞普）和后妃的陵墓。根据藏文史书《贤哲盛典》、《西藏王统记》、《西藏王臣记》等记载，吐蕃王朝时期共有三十五代赞普（藏王）陵，即上二陵、六善陵、中八德陵、下五赞陵、吉祥作代陵、吉祥五德陵、底层一陵。

现存最大的一组藏王墓区在雅鲁藏布江的南岸，宗山西南，雅隆河畔，西藏自治区穷结县境内木惹山上。这里地面开阔，气候宜人，土地肥美，山川秀丽，自然条件很好。因此，在很久以前就是古代藏族的发祥之地，是创业藏王松赞干布的老家。自从定都拉萨之后，这里作为吐蕃王朝兴基立业的基地，受到高度的重视。也许除了自然条件之外，松赞干布还有一些怀念家乡故土的情意，于是就把他的陵墓选择在这里了，后来不少藏王也都葬在这里。

在木惹山上下，现在保存还可辨认出的藏王陵墓共有九个，占地方圆达3千米。陵墓的形状都是一个方形的平顶垒石夯土高丘，还保存了中原地区早期封土"方上"的形式，与《通典》中所记载的"其墓正方，垒石为之，状若平头屋"的描写相同。现存九个陵墓的形制大体相同。由于一千多年来长期受到风雨的侵蚀，有的陵墓已成了圆形平顶，大小不尽相同，排列也不规则。

这九座藏王陵墓，根据历史文献和墓志记载，目前能认出墓主人的有：

一、松赞干布陵

据墓志上记载，松赞干布陵位于钦普沟鳌口，就是现在遥对穷结县城、冲口当中川上的大方丘，外形呈四方，与现状一致。墓志上说，内分九格，土室为佛殿，中央立着珊瑚长明灯，四角殿堂储存珍宝。墓壁用方石砌成，外筑厚土墙，墓门西向，墓外用碎石覆盖，形成土丘，每边宽百步，高六丈多。所描述的与现在情况相差不多。传说这一陵墓下有宏大的地宫，内有松赞干布、释迦牟尼、观音菩萨等塑像和大量镶嵌有金银、珠宝、玛瑙等日用器

▲ 松赞干布陵墓远眺

皿以及当时所用的盔甲、兵器等等。

在松赞干布陵园正中，原来有一座祭祠，里面有明楼二十多间，东南西北各有一座小殿，祠内供有松赞干布、文成公主、墀尊公主、禄东赞大臣和藏文创造人吞米桑布札等人的塑像。由于年代久远，原有建筑已经残毁，近年来恢复了祠宇和内部塑像，参观朝拜的藏、汉各族人民络绎不绝，对这位有功于藏族发展和藏、汉民族团结的藏王表示尊重。

二、赤德松赞陵

赤德松赞是吐蕃王朝后期的赞普，在位二十多年，死后归葬在穷结县的藏王陵区。根据1984年9月西藏文物管理委员会对墓碑的清理发掘证实了这一情况。从墓碑的碑文中，得知赤德松赞是藏王中一位能干的人物。碑文说他："深谋远虑，命令严峻。国势烜赫，遍具福德，盛于往昔是尽人皆知。四方大小诸王，亦被臣服。"

三、都松芒布结陵

唐蕃会盟碑更为突出。碑通高7.18米，由碑盖、碑身、碑座三部分组成。碑顶是一巨大的莲座宝珠，碑盖平面长方形，作四注式坡面顶，边缘向上微翘，四周边有流云升起的图案。碑盖底部四角浮雕出四个上身赤裸、彩带飘扬、姿态优美的飞天。碑身高5.6米，平面作长方形，上小下大，有明显的收杀，使碑身轮廓优美而且富有稳定感。碑身的正面上端刻出日月形象，下为横排的古藏文59行。碑身两侧浮雕两条升龙图案，在云气中飞舞升腾。碑身下为石刻龟座，雕刻也极为精美。整个石碑不仅具有重要的历史价值，而且是一件极为精美的雕刻艺术品。不仅在西藏，就是在全国的唐代石碑中也是罕见的珍品。现在对这块碑已经新修碑亭加以保护。

距离这里不远，还有一块与赤德松赞墓碑相似的石碑。碑顶刻出重珠，碑盖下有承柱，也刻有流云、飞天和云龙纹，碑身露出地面有3.56米，碑文已经风化脱落，碑顶碑身也残损很多。传说也是赤德松赞的墓碑，但它的价值比前面说的那个碑差远了。

◆ 藏王陵石狮

木惹山的半山脚下，有一个规模很大的土石高台。根据《历史明鉴》等藏文史籍记载，应该是都松芒布结的陵墓。这里的地面建筑除了高大封土之外，

四 走进五千年帝陵

最有价值的要算是陵前的一对石狮。石狮高1.55米，座为长方形，长1.2米、宽0.76米。石狮面向陵丘坐立，挺胸昂首，形象雄健生动。鬃毛成列垂在脑后，头顶平整无鬃，一看就知道是早期石狮的风格。整个石狮的雕刻技法高强，线条流畅圆润，在全国唐代石雕中也属上乘，在西藏更是难得。

除了以上陵墓能比较可靠地认出墓主人外，这一陵区的其他墓主，据《西藏王统记》等历史文献记载，还有芒松芒赞、姜擦拉木、赤德祖赞、赤松德赞、牟茹、牟尼等。其中牟茹和姜擦拉木因为是王子还未正式即位，所以封土的规模较小。根据一些学者调查，陵墓自北而南分作东西两行，基本上按藏王世系排列。西侧的一行是松赞干布、芒松芒赞、都松芒布结、赤松德赞、赤德祖赞；东侧的一行是赤德松赞、牟茹、牟尼和姜擦拉木。

各陵封土高台的结构形式基本相同，都是用土石夯筑，夯土层厚度在10—20厘米之间。也有中间加进薄石板的，有的还露有木骨的痕迹。工程的艰巨比得上秦、汉各陵。

吐蕃王朝在中国历史上曾经显赫一时，历代藏王曾经聚集了大量的财富，建筑了雄伟的宫殿、寺庙和宏大的陵墓。现在地面建筑大多已不存在，但是根据历史文献记载，每个藏王陵墓中也都殉葬了大量的珍贵文物和金银珠宝。尤其值得庆幸的是，这些藏王陵大都没被盗掘过。它们也是研究吐蕃历史文化的珍贵实物。

> **知识链接**
>
> 中国西南地区的西藏，从公元7世纪到9世纪，出现了一个著名的王朝——吐蕃王朝。这个王朝的统治者松赞干布赞普，是一位很有作为的领袖。他先后统一了西藏地区各部，都城定在拉萨。他采取了一系列发展生产的措施，创制文字，立法律，定官制和军制，建成了吐蕃奴隶制政权。
>
> 为了接受中原地区的先进文化，松赞干布在641年与唐朝文成公主联姻，派遣贵族子弟到长安去求学，邀请汉人掌管表疏（公文书信等），派人学习中原地区的先进生产技术等，促进了汉藏地区的经济、文化交流。649年松赞干布接受唐王朝的封爵为驸马都尉。松赞干布对于促进藏族地区的社会经济和文化的发展，加强汉藏两族人民的友好关系，对于中国多民族国家的形成和发展，都作出了重要的贡献。

五代宋元时期帝王之陵

后周帝陵

后周帝陵在河南省新郑县城北的郭店，包括后周太祖郭威的嵩陵、世宗柴荣的庆陵、恭帝柴宗训的懿陵，是五代时期中原唯一保存下来的比较完整的陵墓群。

▲后周世宗柴荣

后周是五代的最后一个王朝。后周时期将官田归民耕种，减轻农民的徭役，生产得到了发展，为北宋的统一奠定了基础。

一、嵩陵

后周帝陵是封土的陵冢，三冢并立。后周太祖郭威的嵩陵在郭店南的同家庄，陵园规置简约。原来有石柱、石人、石兽，据《旧五代史》记载，郭威临终前对柴荣说："我若不起此疾，汝即速治山陵，不得久留殿内。陵所务从检素，应缘山陵，役力人匠，并须和雇，不计远近，不得差配百姓。"

二、庆陵

柴荣是后周太祖郭威的内侄、养子，"善骑射，略通书史黄老"。显德元年（954年）继承郭威的帝位，对军事、政治、经济继续进行整顿。

军事上，他严明军纪，赏罚分明，又检阅禁军，裁汰老弱，选留精锐，募天下壮士，择优选取；政治上，他严禁贪污，惩治失职官吏；经济上，停废敕额（朝廷给予寺名）外的寺院，禁私度僧尼，收购民间铜器佛像铸钱，招民开垦逃户荒田，颁《均田图》，均定河南等地六十州租赋，废除曲阜孔氏的免税特权。

此外，还扩建京城开封，恢复漕运，兴修水利，修订刑律和历法，考正雅乐，纠正科举弊端，搜求遗书，雕印古籍等。

显德二年起，伐后蜀，收复秦（今甘肃秦安北）、凤（今陕西凤县东）、成（今甘肃成县）、阶（今甘肃武都东）4个州；后来又3次亲征南唐，到显德五年，得到南唐的江北、淮南14州。显德六年，北伐辽，收复瀛（今河北河间）、莫（今河北任丘北）、易（今河北易县）3个州及瓦桥（今河北雄县）、益津（今河北霸州）、淤口（今河北霸州东信安镇）3关。显德六年五月，周世宗正要乘胜进取幽州，却英年早逝。

庆陵在郭店村西北500米的陵上村。现存冢高10米，周长105米。明朝初期建有正方形陵园，四周建砖墙，边长200米。大门朝南，院内有甬道直到墓前，宽3米，长80米。陵墓四周种植柏树，冢前存历代祭祀碑刻44通，多数半截埋在土中，有九通碑散在陵上村内，陵区现在能找到的只有33通。墓前安置了方形祭坛，祭坛附近碑石林立。民国年间，军阀混战，陵园被毁。2001年11月11日，新郑市政府重修陵园。

三、懿陵

懿陵在庆陵的侧面。因为恭帝柴宗训是一个亡国之君，被宋朝降封为郑王，死后又由湖北归葬这里，所以陵冢卑小，只高4米，周长40米，实际与庆陵是同一陵园。

近年来后周皇陵得到妥善的保护和修缮。现在陵区内碑刻和古柏相映，为这座难得保留下来的五代陵墓区增添了新的意境。

▲ 后周世宗陵

南唐二陵

五代十国时期南唐先主李昪的钦陵和中主李璟的顺陵,在江苏南京江宁区祖堂山南麓,二陵相距50米。

南唐二陵是在1950年才发现的,因年代久远,地面建筑早已不存在。地宫虽在宋代就有人盗掘过,但仍出土了男女陶俑、瓷器、玉哀册等600多件珍贵文物。其中,南朝陵墓石刻是六朝文化的珍品,也是中国石刻艺术中的瑰宝,在整个中国石雕艺术史上占据着举足轻重的地位。它上承秦汉,下启隋唐,与同时代的北朝石窟艺术遥相媲美。

南唐二陵都是依山为陵。李昪和皇后宋氏的合葬墓钦陵在东,943年修建。李璟和皇后钟氏的合葬墓顺陵在西,961年修建。李昪钦陵建在南唐国势强盛时,规模较大,随葬品较丰富;李璟顺陵则建在南唐国势衰弱时,规模略小,随葬品也稀少。

▲ 南唐二陵出土的陶女舞俑

南唐的都城建在金陵(今江苏南京),是五代十国时期南方的一个经济文化相当发达的国家,中主李璟和后主李煜都是我国文学史上著名的词人,南唐画院也是很著名的。但南唐的遗迹留存下来的很少,所以这两座地下宫殿的建筑、彩画、雕刻以及出土的陶俑等遗物非常珍贵。

一、钦陵

钦陵,是五代十国时期南唐先主李昪的陵墓。全长21.48米,分前、中、后3个主室及10个侧室。前、中室用砖砌,后室用石筑,都是仿木结构,在墓门上和壁面砌凿出柱、枋和斗栱,再用石青、石绿、储石和丹粉等矿物质颜料绘上鲜艳的彩画,图案有牡丹、莲花、宝相、海石榴和云气纹等。据有关学者研究,认为这是目前国内现存最早的附属在柱枋部分的彩画遗迹,在建筑史和艺术史上都具有很高的价值。

钦陵的中室和后室之间有哺道,在雨道口的中室北壁上方,横列大型的双龙戏珠的石刻浮雕,下方的左右两侧各置一尊足踩祥云、披甲持剑的石刻浮雕武士像,原来都敷金涂彩。后室的室顶是巨大青石条砌成的叠涩顶,上面绘有彩色的天象图,包括日月星辰一百多颗。后室地面的青石板上又雕刻着蜿蜒曲折的江河形状,象征地图。这种上包天文、下含地理的陵墓内部修饰,是秦始皇陵以来帝王陵寝的装饰传统。

后室的中后部有石砌棺床,棺床的侧面有行龙浮雕,并用浅刻的卷草和海石榴花纹作为棺床平面的装饰。

钦陵前、中、后室所附的侧室内都有放置随葬品的砖台,原来的金、玉、铜、铁和陶瓷质的器物早年都被盗墓贼掠走或破坏。考古发掘所得的劫余器物较为重要的有玉哀册和陶俑像,玉哀册刻字填金,标明了陵名及下葬年代;陶俑像有数以百计的男女宫中侍从俑和舞俑,以及各种动物俑,在南

▲南唐二陵墓室内的浮雕

唐墓中是罕见的。

（2）顺陵

顺陵，是五代十国时期南唐中主李璟的陵墓。长宽与李昇钦陵接近，全长21.9米，有前、中、后3个主室和8个侧室，都是砖筑，内部结构简单。后室入口处没有双龙和武士的浮雕，后室的室顶有天象图，但地面上没有石刻地理图，棺座上也没有龙形浮雕。这反映了当时南唐国势已经衰落，并向北周称臣、取消帝号改称国主以后的情况。但三间主室的壁面仍有砖结构的仿梁、枋、柱子和斗拱式样，上面同样绘有牡丹和卷草等彩画，可惜多已被淤、表层剥蚀。劫余的随葬品以陶俑和玉哀册较多，但质量和品种上都不如李昇钦陵。

（3）北宋七帝八陵

七帝八陵是宋代陵墓区，建在巩义。巩义原来是洛阳管属的地方，宋太祖的家乡就在洛阳。新中国成立后，现在的巩义划归郑州。

北宋的皇陵区在河南省巩县坞罗河两岸的邙岭山麓，就是现在的回郭镇、芝田、孝义、西村一带。陵区南北长约15千米，东西宽约10千米。北宋的九个皇帝中，徽、钦二帝被金国劫掠、死于漠北，其余七帝都葬在这里。乾德元年（963年），宋太祖赵匡胤父亲的陵墓从汴梁迁过来，这样共有七帝八陵：宋宣祖永安陵、太祖永昌陵、太宗永熙陵、真宗永定陵、仁宗永昭陵、英宗永厚陵、神宗永裕陵、哲宗永泰陵。帝陵四周葬有后妃墓，共20多人。还有陪葬的宗室及王公大臣，如寇准、包拯等，共一百多人。

宋陵选址的观念和意识与汉唐陵墓不同。汉唐帝陵或居高临下，或依山傍水，而宋陵则是面朝嵩山、背向洛水，陵台建在低洼地方，与古代建筑逐级增高、中心建筑在最崇高地位的传统正好相反。这与当时的风水堪舆学说的影响有很大关系。

各陵的建制、布局基本相同，每一陵园占地120亩，四周筑夯土围墙，四面的正中开辟有一个神门，四角建有角阙。园内的正中是陵台，夯土筑成，呈覆斗形，台南放置石雕宫人1对。南神门外的神道两侧还排列有文臣武将、驭手以及石兽等石像。石像的造型浑厚威武，气魄豪放，反映了北宋时期的石刻艺术风貌。

宋太祖永昌陵

▲宋太祖赵匡胤

永昌陵在坞罗河南侧、西村北面，东邻他父亲宋宣祖赵宏殷的永安陵，西靠他弟弟太宗赵光义的永熙陵。在巩义市宋陵中，永昌陵是地面遗迹保存较好的一座宋陵。

永昌陵陵台底边长48~55米，高14.8米。陵园东西231.6米、南北235米，四面中央各辟一门。门宽约18米，四门外各置石狮1对。陵园南门与乳台间距142.5米，乳台与鹊台相距155米。两个乳台东西间距50米，两个鹊台东西间距54米。陵园南门与乳台间是神道，神道东西间距45米，对称列置各种石像，由南向北依次是华表、石象及驯象人、瑞禽、角端各1对，石马及控马官、石虎、石羊各2对，"藩使"3对，文、武臣4对。陵园四门外有石狮，南门石狮北有武士，南门内陵台前有宫人。

永昌陵区的华表高5.8米，宽1米，下面是方形基座，上面置莲花形柱础。柱身是八棱形，由下向上逐渐收杀，柱顶是仰覆莲点缀宝珠、上加合瓣莲花结顶。柱身棱面雕刻为减地和单线阴刻两种，画面内容有云龙纹、长颈宝瓶和卷草花卉等。在巩义市宋陵的华表中，永昌陵华表雕刻最好，构图精美，线条流畅。

石象长2.55米、宽1.1米、高2.15米，驯象人高2.23米、宽0.79米、厚0.56米。石象取立姿，腹

> **知识链接**
>
> 宋太祖赵匡胤（927—976年），涿州人，在位十六年，庙号太祖。原来在后周的官职是殿前都点检，领宋州归德军节度使，执掌兵权。在"陈桥兵变"中被拥立为帝，建立宋朝，都城定在开封，结束了五代十国分裂混战的局面，统一了大半个中国。又以"杯酒释兵权"等策略，削夺禁军宿将及藩镇兵权，加强中央集权。天下既定，务农兴学，慎刑薄敛，给老百姓休养生息的机会。但他重文轻武、"守内虚外"的方针，造成宋朝长期的积弱不振，有人说他是华夏走向衰弱的第一大罪人。

下镂空，身躯庞大，造型雄伟，身披华丽的锦绣，背置莲花座，象鼻拖地，面饰辔勒。驯象人头戴包头巾，身穿袍服，腰束方块玉带饰物，双手拱在胸前，拿着驯象的物件。

瑞禽高2.2米、长1.73米、宽0.63米。整体似圭形，浮雕层叠山峰，两侧和顶端未雕出山峰纹。西列瑞禽石雕中浮雕出一只马首、龙身、鹰爪、凤翅、雀尾的怪禽。东列瑞禽是巩义市宋陵现存14件瑞禽中唯一的一件刻羊首的。

▲ 宋太祖赵匡胤永昌陵旁的石雕像

角端高2米、长2米、宽0.8米。角端是人们想象中的一种动物，它象征着吉祥、嘉瑞。形象为独角，前唇特长，或卷或伸，四足如狮，两肋雕有双翼。

石马高2.1米、长1.8米、宽0.74米。马身上雕饰出鞍、鞯、镫、缰、羁、铃等马饰。控马官高2.7米、胸宽0.7米、厚0.5米，头戴幞巾，身穿长袍，手握马杖或缰绳。

石虎高1.7米、长1.3米、宽0.55米。身躯庞大，雕刻细致，造型逼真。

石羊高1.6米、长1.2米、宽0.5米。造型浑实，通体素面。

"藩使"高约3米、胸宽0.85米、厚0.68米。宋代文官以宰相为首，武官以枢密使为首，上朝排列次序文官在武官以上，所以陵墓石刻中文臣像在北、武臣像在南。石象中的文武大臣服饰相同，区别只是文臣握笏板、武臣拄长剑。文、武臣头戴三梁或五梁冠，身穿长袍，腰系方块玉带。

陵园四门外各有一对石狮。石狮左牡右牝，牡狮卷鬣，牝狮披鬣。南门外二狮为行狮、立姿，相顾对视，高1.9米、长3.08米、宽0.82米。东、西、北门石狮都蹲踞昂首，高1.58-2.05米，长1.7米，宽0.7-0.9米。

镇门武士1对，在陵园南门外、石狮北面，高约4米、肩宽1.1米、厚0.7米。武士像高大、勇猛，头戴盔，身穿甲，手执兵器。

宫人2对，分别在南门内、陵台前。宫人高约3米、肩宽0.57米、厚0.4米，戴幞头，穿窄袖长袍，面部清秀，看起来像是宫女。

宋仁宗永昭陵

永昭陵，是北宋第四代皇帝宋仁宗赵祯的寝陵。在河南省巩县（今巩义市）境内，嵩山北麓与洛河间的丘陵和平地上。陵区以芝田镇为中心，南北约15千米，东西约10千米。

宋仁宗赵祯，原来名叫受益，是宋真宗赵恒的第六个儿子，就是民俗演义《狸猫换太子》中的太子。他出生在大中祥符三年（1010年），1018年立为皇太子，赐名赵祯。1022年登上帝位，嘉祐八年（1063年）病死在开封，享年53岁。同年10月，葬在永昭陵。宋仁宗赵祯在位四十二年期间，国泰民安，文臣武吏荟萃，科学文化发达，是宋王朝鼎盛时期。

▲宋永昭陵全貌

据有关史料记载，永昭陵修陵调集士兵46700人，工期7个月，耗银50万两，钱150万贯，绸绢250万匹，耗费占北宋国库年收入的一半。永昭陵规模庞大，建筑雄伟，虽历经千年风雨，饱受战乱抢掠，但至今仍不失皇家陵园的恢宏气势。整个陵园遵从封建的风水地形堪舆学说，依地势而就，傍山依水，东南穿隆，西北低垂，由皇帝陵、皇后陵和下宫组成，神道两侧的石刻群形态逼真，雄浑高大，栩栩如生，其中瑞禽和角端更是雕刻史上的杰作，堪称世界绝品。

南宋少帝陵

宋少帝陵，早期称为宋少帝墓，是南宋最后一个皇帝宋少帝赵昺的陵墓，在广东省深圳市南山区招商街道赤湾村少帝路、赤湾公园附近，是广东省境内唯一一座皇帝陵寝。

宋少帝陵墓碑刻是"大宋祥庆少帝之陵"，两旁刻有一副对联："黄裔于今延宋祀，赤湾以此筑皇陵"。整齐的石阶墓道缘山而上，陵内青草翠柏，佳木葱茏，环境幽静。墓周青草绿树，西侧有花坛，坛旁建有四柱黄琉璃瓦顶休息亭。墓的东侧新立一块1米宽、2米多高的泉州白石墓碑，碑文为篆体阴文，风格古拙，是著名书法家商承祚手笔。碑背面刻有"崖海潜龙，赤湾延帝"八个大字，字体苍劲，是著名书法家秦萼生手笔。墓前祭坛、祭台是花岗条石铺砌，造型优美，刻工精细。两侧各立石望柱1对，上置石狮。墓的后半部有黄色琉璃墙环绕，墙内有12个花岗石墩柱，颇为壮观。西侧建有圆形花坛，陆秀夫背负宋少帝塑像等建筑。右侧的碑文记载了发生在广东省新会崖门海域的崖山之战和赵昺蹈海殉国的过程。

景炎三年（1278年），宋端宗死后，陆秀夫在碙州梅蔚（今香港大屿山梅窝）拥立赵昺做皇帝，改元"祥兴"，并逃往崖山。元朝军队在大将张弘范指挥下，大举进攻崖山的赵昺小朝廷。宋军水师在张世杰的指挥下顽强抵抗，在崖门海域里与元朝军队交战，史称"崖门战役"。这场战役关系到南宋流亡小朝廷的兴亡。结果，宋军全军覆灭。1279年3月19日，丞相陆秀夫见大势已去，就背着这位刚满八岁的小皇帝赵昺跳海殉国，两人壮烈牺牲，宋王朝就此灭亡。

据《赵氏族谱》记载："后遗骸漂至赤湾，有群鸟飞遮其上。山下古寺老僧偶往海边巡视，忽见海中遗骸漂荡，上有群鸟遮居，设法拯上，面色如生，服式不似常人，知是帝骸，乃礼葬于本山麓之阳。"民间传说当时赤湾海滩漂来一具身着黄袍龙衣的童尸，而赤湾海边天后庙的一根栋梁却突然塌下，庙祝与乡绅父老急忙焚香问卜，得知童尸为少帝遗骸，塌下的栋梁是天后娘娘送少帝做棺材的材料，于是当地百姓把赵昺礼葬在天后庙西边的小南山脚下。

另据当地人传说，宋少帝崖山殉国，几天后，有一元兵驾舟出海捞取漂荡在海面财物时，见一黄衣童尸身佩玉玺，便将玉玺取下送交元将张弘范，张断定童尸就是赵昺遗体，立即命令兵卒出海捞取，可再也不见童尸去向。后来童尸漂到赤湾沙滩，群鸟遮在童尸上不散。当地百姓惊愕之余，只见赤湾滩上天后庙冒起一团黑气，随后栋梁轰然堕地，父老乡亲才知道童尸原来是宋少帝遗骸，于是用天后庙栋梁做棺木，把少帝遗骸安葬在南山脚下。

▲南宋少帝逃往东南海滩时的宋井

珍藏中国 中国的陵墓

一代天骄陵

　　成吉思汗陵坐落在内蒙古自治区鄂尔多斯市伊金霍洛旗甘德利草原上，距包头市185千米，距东胜区70千米。蒙古族盛行"密葬"，所以真正的成吉思汗陵究竟在何处始终是个谜。现今的成吉思汗陵只是一座衣冠冢，经过多次迁移，直到1954年才由湟中县的塔尔寺迁回故地伊金霍洛旗。这里绿草如茵，一派草原特有的壮丽景色。

　　成吉思汗是蒙古杰出的军事家、政治家。他在统一蒙古各部后，1206年成为大汗，建立了蒙古汗国。随后展开了大规模的军事活动，版图扩展到中亚地区和南俄。1226年率兵南下攻西夏，次年在西夏病死。元朝建立后，成吉思汗被追尊为元太祖。

　　成吉思汗是位传奇性的历史人物，因而他的陵寝对世人也有很强的吸引力。一代天骄成吉思汗戎马一生，不仅创建了中国有史以来版图最大的蒙古帝国，还给后世留下无数谜团。尤其是成吉思汗的葬身之处，更是谜中之谜，几百年来人们四处打探却一无所获。

▲成吉思汗陵

四 | 走进五千年帝陵

明清封建制极盛时期帝王之陵

凤阳明皇陵

明皇陵，是安葬朱元璋父母及兄嫂、侄儿遗骨的陵墓，在中都城西南7千米处。朱元璋出身贫寒，元朝至正四年(1344年)，他的父母、兄嫂相继去世。年仅10多岁的朱元璋，无力大办丧事，只好用"被体恶裳，浮掩三尺"的薄礼安置亲人。20多年后，朱元璋受封为吴王，就让亲信汪文等人去濠州修缮父母陵寝。洪武二年（1369年），他下诏在家乡兴建中都城，同时诏谕在旧陵地培土加封。洪武八年，罢建中都，又用中都余材再次营建父母陵墓。到洪武十二年（1379年），皇陵的总体格局基本形成。外有城垣，内有护所、祭祀设施，又在陵前竖起高大的皇陵碑和成双成对的石像。

在陵墓的外围，有3道城垣，形成3城包裹陵墓的平面布局。由于皇陵位置是在中都城的西南，为了与中都城连为一体，皇陵的3道城门都以北门为

▲明皇陵神道

正门，因此是坐南朝北，神道与神路在陵墓的北面。皇陵的第1道城是夯土城垣，周长达28里。第2道城是青砖砌起的城垣，高2丈，周长6里多，四边开四门，都有高大的城楼。第3道城是皇城，青砖垒砌，周长75丈。皇城平面为南北纵长的长方形，改变了过去帝陵内城方形平面的做法，是为了将神道石像移置城里，突出陵前享殿的地位。皇陵的3道城中轴线两旁，建设了不少祭祀、护卫、住所建筑，形成规模宏大、森严壮观的皇陵建筑群。经过精心的设计、规划、施工，建成后的皇陵，气象巍峨，被誉为"重门列戟园陵肃"、"壮哉斯陵从古无"。

明皇陵陵墓是椭圆形覆斗式大平顶，高出周围地面5米。陵墓堆土而成，封土堆底边东西长50米，南北宽35米，占地面积1750平方米。陵前北部的金水桥向北，有长257米、宽6.3米的神道，两旁对称排列着雕琢精美的32对石像。自北而南依次排列的石刻有：独角兽卧像2对，石狮蹲像8对，石华表2对，马官、石马与控马者立像6对，石虎立像4对（现缺一对），石羊卧像4对，文臣立像2对，武将立像2对，内侍立像2对。这些石像是目前所知明代最早、数量最多、刻工最精细的皇家陵园石刻，具有很高的艺术价值。不仅数量居历代帝王陵墓之冠，而且雕刻技艺上也有独到之处。它们都是用整块石料雕琢，无论是人像还是动物，造型生动，刻琢精细，具有高超的技艺和强烈的艺术感染力。它们是宋元以后石刻艺术发展的最早产物，对明清的石刻造型艺术发展产生了深远影响。

神道南端紧连金水桥遗址，遗址南侧的东西两边各竖立一块大碑，东面是无字碑，西面是皇陵碑。两碑尺寸相同，规格一致，都高6.87米，分别由螭龙碑首、碑身、龟趺三部分组成。皇陵碑额篆有"大明皇陵之碑"6个大字，因为碑文是朱元璋亲自撰写，所以又叫"御制皇陵碑"。朱元璋为了让子孙后代了解艰辛家世和开创江山的艰难，秉笔直书，历述家世实情与戎马生涯，一改历代帝陵碑刻粉饰夸功、谀辞不实的恶习，皇皇大著，堪称一绝。碑文长达1105字，是研究朱元璋家史与元末明初历史的珍贵史料。

明皇陵一直受到明王朝的悉心保护。明朝末年，张献忠起义军攻占凤阳，火烧皇陵，享殿等建筑遭受涂炭，后来又屡遭毁坏。抗日战争时期，侵华日军大肆砍伐陵园松柏，使郁郁葱葱的陵园变成光秃秃的土堆，荒芜不堪。

三 一陵双冢明显陵

明显陵，是明世宗嘉靖皇帝的父亲追谥恭穆献皇帝睿宗朱祐杬、母亲章圣皇太后的合葬墓，在湖北省钟祥市城东北方7.5千米的纯德山上。在明朝正德十四年（1519年）开始修建，到嘉靖十九年（1540年）建成。

朱祐杬是明宪宗的儿子，成化年间册封兴王，食邑湖广安陆州（今钟祥市），正德十四年（1519年）去世，谥号献，称为兴献王，同年葬在这里，称为献陵。正德十六年，朱祐杬的儿子朱厚熜（zǒng）继承皇位，改元嘉靖。嘉靖三年（1524年），朱厚熜追尊父亲为恭穆献皇帝，庙号睿宗，把献陵改称为显陵。明显陵与清东陵、清西陵并称为三大明清皇家陵寝。

据文献记载，显陵的建筑规模与其他陵墓有所不同，它是我国中南地区唯一的一座明代帝王陵墓，是我国明代帝陵中最大的单体陵墓。它的"一陵两冢"的陵寝结构，在历代帝王陵墓中绝无仅有。

陵园外罗城依山势而建，蜿蜒起伏，周长3438米，纵深1656米，总面积1.83平方千米。新、旧陵门都用砖石砌筑，为面阔三间的无梁殿，单檐琉璃

▲明显陵方城明楼

中国的陵墓

歇山顶。檐下饰有用琉璃嵌砌的假柱、作一整二破旋子彩画的阑额。门前左右都竖立着下马碑1通,碑上刻字是严嵩的手笔。门内石板铺成的神道,直抵内城。中部立棂星门,六柱三门,方形石柱,柱脚用抱鼓石支撑,柱顶各置独角神兽1只,明间及次间额枋上,都装饰云头及火焰宝珠。棂星门前神道两侧,列立狮子、獬豸、骆驼、卧象、麒麟、立马、卧马等石兽8对和文臣、武将各2躯,全用整块汉白玉雕琢而成。

明十三陵

明十三陵,是中国明朝皇帝的墓葬群,是明朝迁都北京后13位皇帝陵寝的总称,坐落在北京西北郊昌平区境内燕山山麓的天寿山。从永乐七年(1409年)五月作长陵开始,到明朝最后一位皇帝崇祯葬入思陵为止,其间230多年,先后修建了13座皇帝陵墓、7座妃子墓、1座太监墓,共埋葬了13位皇帝、23位皇后、2位太子、30余名妃嫔、1位太监。明十三陵是中国历代帝王陵寝建筑中保存比较好的一处,是"世界上保存完整埋葬皇帝最多的墓葬群"。

▲明十三陵石牌坊

明十三陵坐落在天寿山麓,总面积120多平方千米。十三陵距离北京约50千米,地处东、西、北三面环山的小盆地中,陵区周围群山环抱,中部为平原,陵前有小河曲折蜿蜒,山明水秀,景色宜人。十三座皇陵都依山而筑,分别建在东、西、北三面的山麓上,形成了体系完整、规模宏大、气势磅礴的陵寝建筑群。明代术士认为,这里是风水胜境、绝佳"吉壤",因此被明朝选为营建皇陵的万年寿域。该陵园建于1409-1644年,距今已有300-500多年历史。陵区占地面积达40平方千米,是中国乃至世界现存规模最大、帝后陵寝最多的一处皇陵建筑群。明代时,在途中的沙河镇北,建有七孔石造"朝宗桥"。在镇东筑有壮丽的"巩华城"。该城原来是嘉靖皇帝祭陵时中途休息的行宫,现在仅存遗址。

明朝历经十六帝,为什么这里只有十三陵呢?明朝开国皇帝朱元璋,在南京建都,死后葬在南京钟山南面,称为"明孝陵"。第二位皇帝建文帝朱允文,在叔父朱棣以"靖难"为名发兵打到南京后,有人说他自焚了,有人说他从秘密隧道中逃走后出家当了和尚,总之是下落不明,不知所终,所以没有陵墓。第七位皇帝朱祁钰,是在他哥哥英宗皇帝被瓦剌俘虏后,太后和大臣们安排他登上帝位。英宗被放回后,在心腹党羽的策划下,搞了一场"夺门之变",又复辟做了皇帝,并害死了朱祁钰。英宗不承认他是皇帝,还捣毁了他在天寿山区域内修建的陵墓,只以"王"的身份把他葬在北京西郊玉泉山。这样,明朝十六帝有两位葬在别处、一位下落不明,其余十三位都葬在天寿山,所以只有十三陵。

> **知识链接**
>
> 明十三陵是明朝十三位皇帝的陵寝,依次建有长陵(成祖)、献陵(仁宗)、景陵(宣宗)、裕陵(英宗)、茂陵(宪宗)、泰陵(孝宗)、康陵(武宗)、永陵(世宗)、昭陵(穆宗)、定陵(神宗)、庆陵(光宗)、德陵(熹宗)、思陵(思宗),所以称为十三陵。

十三陵所在地属太行山余脉,西通居庸关,北通黄花镇,南向昌平州,不仅是陵寝的屏障,而且也是京师的北屏。天寿山山体高大,雄伟宽宏,主势强力。明末清初著名学者顾炎武曾写诗描述这里的优胜地势:"群山自南来,势若蛟龙翔;东趾踞卢龙,西脊驰太行;前面临神京;中有万年宅,名曰康家庄;可容百万人,豁然开明堂。"这一优美的自然景观,当然会被封建统治者看作风水宝地。

明十三陵,既是一个统一的整体,又各自成一个独立单位,陵墓规格大同小异。每座陵墓分别建在一座山前。陵与陵之间相距除思陵偏在西南一隅外,其余都成扇面形分列在长陵左右。在中国传统风水学说的指导下,十三陵从选址到规划设计,都十分注重陵寝建筑与大自然山川、水流和植被的和谐统一,追求"天造地设"的完美境界,体现"天人合一"的哲学观点。明十三陵作为中国古代帝陵的杰出代表,展示了中国传统文化的丰富内涵。

中国的陵墓

一、明长陵

明长陵是明朝第三位皇帝明成祖文皇帝朱棣和皇后徐氏的合葬陵寝，在天寿山主峰南麓，是十三陵中建筑规模最大、营建时间最早、地面建筑保存最完好的。

长陵的陵宫建筑占地约12万平方米，平面布局呈前方后圆形状。前面的方形部分，由前后相连的三进院落组成。

第一进院落，前面设陵门一座，为单檐歇山顶式的宫门式建筑，面阔五间，檐下额枋、飞子、檐椽及单昂三踩式斗拱都是琉璃构件，下面辟有三个红券门。陵门前建有月台，左右建有随墙式角门。院内，明朝时建有神厨（在左）、神库（在右）各五间，神厨前建有碑亭一座。神厨、神库在清代中期都已毁坏，碑亭则存到现在。

第二进院落，前面设殿门一座，名叫祾恩门。据《太常续考》等文献记载，从嘉靖十七年（1538年）开始，世宗朱厚熜亲赐佳名，天寿山诸陵殿名为"祾恩殿"，殿门名为"祾恩门"。其中，"祾"字是"祭而受福"的意

▲长陵

▲长陵祾恩殿

思，"恩"字取"罔极之恩"的意思。

长陵祾恩门，为单檐歇山顶形制，面阔五间（通阔31.44米），进深二间（通深14.37米），正脊顶部距地面高14.57米。檐下斗拱为单翘重昂七踩式，其平身科斗拱耍头的后尾作斜起的杆状，与宋、清做法都不相同。室内明间、次间各设板门一道，稍间有墙体封着。其中明间板门上安有华带式榜额，书"祾恩门"三个金字。门下是汉白玉栏杆围绕的须弥座式台基。栏杆形制，为龙凤雕饰的望柱、宝瓶和三幅云式的栏板。台基四角及各栏杆望柱下，都有排水用的石雕螭首，台基前后都有三出踏跺式台阶。其中路台阶间的御路石上雕刻的浅浮雕图案十分精美。下面是海水江牙云腾浪涌，海水中宝山矗立，两匹海马跃出水面凌波奔驰；上面是两条矫健的巨龙在云海中升降飞腾，追逐火珠，呈现出一派波澜壮阔的雄伟景象。

祾恩门两侧还各有一座掖门，都是随墙式琉璃花门，门上的斗拱、额枋，门顶的瓦饰、椽飞都是黄绿琉璃件组装，在红墙的映衬下格外分明。院内，北面正中位置建有高大巍峨的祾恩殿。在明清两代，这座大殿是供奉帝后神牌和举行上陵祭祀活动的地方。

▲献陵明楼

二、明献陵

明献陵是明朝第四位皇帝仁宗昭皇帝朱高炽（年号洪熙）和皇后张氏的合葬陵寝，在天寿山西峰下。献陵的营建是在仁宗死后开始的。仁宗临终曾遗诏："朕既临御日浅，恩泽未浃于民，不忍重劳，山陵制度务从俭约。"

宣宗朱瞻基登上帝位后，遵照仁宗遗诏营建献陵。他召集尚书蹇义、夏元吉到皇宫，对他们说，国家以四海的财富安葬至亲，哪能吝惜费用？不过，自古以来圣贤帝王都按俭约的礼制办。作为孝子也只是想使亲人体魄永久保存，并不想厚葬。秦、汉时期厚葬的弊病，完全可以作为对我们的告诫了。何况父皇有遗诏，要按俭约的原则修建陵寝，这是全天下人都知道的。现在建陵，我认为应该遵照父皇心意，你们的意见呢？蹇义等回答说："圣见高远，发于孝诚。"这是对千秋后世都有益处的事，我们完全赞同。于是，宣宗亲自确定陵园规制，并委派成山侯王通、工部尚书黄福全面负责修陵事宜。从洪熙元年七月兴工，到八月玄营落成，安葬仁宗，只用了三个月的时间，地面建筑也陆续营建。八月，工部奉命营建门楼、享殿、左右庑配殿和神厨。正统七年(1442年)十二月建造明楼，次年三月，陵寝建筑全部完工。参加陵园营建的有南京守备襄城伯李隆统领的万名军士，南京海船厂附近江北府卫旗军工匠118000人，以及河南、山东、山西、直隶、凤阳、大名等府州征调的民夫5万人。

建成后的献陵，陵寝制度确实比较俭朴。神道从长陵神道五空桥北分出，长约1千米，途中建有单空石桥一座。路面为中铺城砖，两侧墁碎石为散水，十分俭朴，并且没有单独设置石像、碑亭等建筑。陵宫建筑与长陵比较，同样非常俭朴。朝向为南偏西20度，占地仅4.2万平方米左右。陵殿、两庑配殿、神厨都各为5间，而且都是单檐建筑；门楼仅为3间；方城、明楼不仅不像长陵那样高大，而且城下券门改为更简单的直通前后的形式。照壁则因为不设在券洞内，而设在方城后、墓冢前。上登明楼的礓石礤量路则改为设在宝城之内的方城左右两侧。献陵陵制不求奢华，为此后的明陵建筑树立了楷模，所以古代人在说到明陵时有"献陵最朴，景陵最小"的说法。

明献陵还有一个特点，这就是祾恩殿和方城明楼在院落上彼此不相连属。前面以祾恩殿为主，建有一进院落，殿前左右建两庑配殿和神帛炉。院的正门是祾恩门，也就是陵园的大门。门前出大月台，院后设单座门一道。后面以宝城、明楼为主，前出一进院落。院内建两柱棂星门、石供案，院门为三座单檐歇山顶的琉璃花门。二院之间，隔一座小土山（影壁山）。选择中隔小山这种布局的原因是什么呢？这与陵园的风水有关。

献陵宝城前的这座小山名为玉案山，它从陵园左侧延伸而来，是献陵的龙砂。因为它屈曲环抱陵前,所以又是献陵的近案。风水中,"龙喜出身长远,砂喜左右回旋","龙虎环抱,近案当前",是理想的内明堂格局。献陵玉案山以及龙砂、虎砂和来山范围内的小格局,正是风水术士们所鼓吹的完美的内明堂格局。所以,修建献陵时只在明堂范围之内修建了宝城、明楼和一进院落。而将举行祭祀仪式的祾恩殿修在了玉案山前。经过这样的经营设计,不仅解决了献陵明堂地域面积小、建不下宝城和前面两进院落的问题,维护了"龙砂不可损伤"的风水信条,而且使陵园山重水复、殿台参差,使几何形体陵园建筑在山、水、林、木的映衬下,

▲明十三陵景陵大碑楼

更加错落有致,形成了人文景观与自然景观和谐统一的美。这是迷信的封建帝王和风水术士们所不能预想的。

献陵的陵寝建筑在清朝乾隆五十至五十二年(1785-1787年)间,曾得到修缮。在这次修缮中。明楼外形未改,但内部木构梁架改成为条石券顶结构。方城下的甬道被封死,右侧增筑了一道可由方院上登宝城的礓石磴路。两庑配殿及神厨等附属建筑大多被拆。祾恩门则缩小了间量,而且顶部由歇山式改成了硬山式。神功圣德碑亭被拆除了四壁,只在台基上面、石碑四周砌了齐胸高的宇墙。以后祾恩殿、祾恩门又相继在清末民初时毁坏。日军侵华期间,为修炮楼取砖,第一进院落的围墙及祾恩门、祾恩殿的山墙又被拆毁。现在,除宝城、明楼及第二进院落陵墙经修缮保存较好外,第一进院落的建筑已全成遗址。

三、明景陵

明景陵,是明朝第五位皇帝宣宗章皇帝朱瞻基与皇后孙氏的合葬陵寝,在天寿山东峰下。景陵的营建是在宣宗去世后开始的。英宗朱祁镇登上帝位

后，随即派人去天寿山陵区卜地。宣德十年（1435年）正月十一日，陵寝营建正式动工。太监沐敬、丰城侯李贤、工部尚书吴中、侍郎蔡信等奉命督工。成国公朱勇、新建伯李玉、都督沈清及内府各衙门、锦衣卫等发起军民工匠共10万人动工兴建。六月二十一日，安葬宣宗。天顺七年（1463年）三月十九日，陵寝工程完毕，中间断断续续用了28年的时间。

陵园是遵从献陵俭约制度修建的。神道从长陵神道北五空桥南向东分出，长约1.5千米，途中建单空石桥一座。陵宫朝向为南偏西55度，占地约2.5万平方米。宝城因地势修成前方后圆的修长形状。前面的二进方院和后面的宝城连成一体。中轴线上依次修建祾恩门、祾恩殿、三座门、棂星门、石供案、方城、明楼等建筑。

▲ 明英宗朱祁镇

嘉靖十五年（1536年）四月二十七日，明世宗朱厚熜亲自观看长、献、景三陵，见景陵规制狭小，对跟从他的大臣郭勋等说："景陵规制独小，又多损坏，其于我宣宗皇帝功德之大，殊为勿称。当重建宫殿，增崇基构，以隆追报。"根据《帝陵图说》记载，增崇基构后的景陵祾恩殿，"殿中柱交龙，栋梁雕刻，藻井花鬘，金碧丹漆"，殿中有暖阁三间，黼（fǔ）坐地屏直到康熙年间还存着。此外，嘉靖年间还在陵前增建了神功圣德碑亭。

景陵内的祾恩殿台基，仍是嘉靖年间改建后的遗物。从遗存的明代殿宇檐柱柱础石分布可以看出，该殿原制面阔5间（31.34米），进深3间（16.9米），后有抱厦1间（面阔8.1米，进深4.03米），前面的御路石雕二龙戏珠图案，比献陵一色云纹，显得更为精致壮观。

清朝乾隆五十至五十二年（1785-1787年），清廷曾对明陵进行一次较大规模的修缮。为省工省料，景陵的祾恩门、祾恩殿都被缩小间量重建，两庑

（堂下周围的走廊）配殿及神功圣德碑亭因残坏而拆除。目前，祾恩门、祾恩殿的台基上还有清代改建后遗留的柱础石。神功圣德碑亭仅存石碑及台基。

四、明裕陵

明裕陵，是明朝第六位皇帝明英宗朱祁镇和皇后钱氏、周氏的合葬陵寝，在天寿山西峰石门山南麓。

▲明裕陵明楼远眺

明英宗朱祁镇，是明宣宗的长子。宣德二年（1427年）十一月十一日生，三年（1428年）二月六日立为皇太子，十年（1435年）正月十日登上皇帝位，次年改元正统。

英宗登极时，才9岁。由于太皇太后贤明，注意约束内官，政事依靠三杨老臣，开始几年还能遵照仁宗、宣宗时的旧制，政事还蔚然可观。

后来，太皇太后因年老多病，对朝廷内外的事过问渐少；三杨中，杨荣在正统五年（1440年）病故，杨士奇因儿子杨稷被言官纠查，坚卧不出，只有杨溥一人在阁，年老势孤，其余内阁大臣都资历较浅。于是，司礼监太监王振倚恃英宗的宠信，渐渐地控制了朝政。正统七年（1442年），太皇太后张氏病故，杨士奇也在次年病死，王振更加肆无忌惮，把持了朝廷大权。

正统十四年（1449年）七月，蒙古的瓦剌部诱胁其他部落大举南犯。瓦剌太师也先亲自率兵攻打大同，紧急的边报纷纷飞到紫禁城。王振企图侥幸成功，劝英宗御驾亲征。兵部尚书邝埜、侍郎于谦等人力言"六师不宜轻出"，吏部尚书王直也率百官谏止，都没被采纳。在王振的怂恿下，英宗七月十六日率京营50余万人马，仓促出征。途中，大臣们一再劝英宗返驾回京，英宗还是不听。等知道了前方战败的惨状，英宗和王振才惊慌失措，决定班师回京。但又没有认真周密的计划，途中多次徒劳往返。由于明军迂回奔走，八月十二日才达到距怀来城20里的土木堡。第二天，瓦刺军到，将土木堡团团围住，数十万明军全部被歼。英国公张辅以下50余名文武大臣阵亡，英宗被瓦刺军俘虏。护卫将军樊忠愤怒地举起铁锤，将王振打死。历史上把这次事件称为"土木之变"。

八月十七日，土木败报传到北京。文武百官聚在朝堂号啕大哭。皇太后孙氏下诏，把英宗两岁的儿子朱见深立为皇太子，命英宗的弟弟郕（chéng）王朱祁钰监国，总管朝政。九月，朝廷大臣联合呈请郕王登皇帝位，得到皇太后的同意。出使瓦刺的都指挥岳谦回来，也口传英宗圣旨，命郕王"继统以奉祭祀"。于是郕王九月初六日正式登皇帝位，遥尊英宗为太上皇帝，次年改元景泰。景泰皇帝在兵部尚书于谦等人的支持下，布置了北京的城防。在于谦的指挥下，军民同仇敌忾，打败了攻到北京城的瓦刺军，取得了北京保卫战的辉煌胜利。

瓦刺军原来想以英宗要挟朝廷赔款，见明朝又立了新皇帝，便在景泰元年（1450年）八月把英宗放回。

英宗回到北京后居住在南宫，名义上虽然是太上皇，实际上却被幽禁、被监视，根本不能干预朝政。景泰帝还把太子朱见深废为沂王，把自己儿子朱见济立为皇太子。不久，朱见济夭亡。景泰帝也在景泰七年（1456年）十二月二十八日得了重病。武清侯石亨见景泰帝病危，就与都督张车兀、左都御史杨善、太监曹吉祥、太常卿许彬及左副都御史徐有贞密谋，要迎立英宗为帝。

景泰八年(1457年)正月十六日，边关有警报，他们以增加皇城守备的名义，带领家兵混同守御官军来到皇城，正巧第二天景泰帝也要临朝，大门开得很早。于是，他们顺利地进入皇城，并在黎明时分。到达了英宗居住的南宫。南宫门禁锢，打不开。徐有贞命令众人手举大木猛撞宫门，又让勇士翻墙而入，与外面的士兵一起拆毁宫墙。墙坏门开，徐有贞等人扶英宗上辇，匆匆奔往皇宫。东华门的守卫拦阻，英宗说："我太上皇帝也。"于是夺门而入。进入奉天殿后，众人将御座居中放置，英宗登上御座，鸣钟击鼓，召见百官。大臣们正在奉天殿前等待景泰帝升朝，听到殿内一片喧哗，徐有贞突然走出殿外，对大臣们高声喊道："太上皇帝复位矣。"催百官入贺。英宗再次登上皇帝宝座，历史上把这次宫变称为"夺门之变"。

英宗复辟后，把景泰八年改为天顺元年（1457年），把景泰帝废为郕王，迁居西内，杀害抗击瓦剌有功的于谦。又用香木刻王振像，招魂安葬。

天顺八年（1464年）正月十七日，英宗去世，谥号为"法天立道仁明诚敬昭文宪武至德广孝睿皇帝"。临终遗诏止殉，结束了宫人殉葬的残酷制度。五月，陵寝玄宫建成。八月，英宗葬在裕陵。

明孝庄睿皇后钱氏，是英宗的原配，海州人，都指挥佥事钱贵的女儿，正统七年（1442年）立为皇后。十四年（1449年），英宗被瓦剌部所俘，为迎英宗回朝，她把自己宫中的全部资财输出，每天悲哀地呼天号地，祈求神灵保佑英宗。累了就地而卧，以致伤残了一条腿。终日哭泣，又哭瞎了一只眼睛。

宪宗登皇帝位后，把她尊为皇太后，加"慈懿"徽号。成化四年（1468年）六月二十六日，钱氏病故，谥号为"孝庄献穆弘惠显仁恭天钦圣睿皇后"。九月四日葬在裕陵。

裕陵是在英宗去世后的天顺八年（1464年）二月二十九日开始修建的，奉命督工的有太监黄福、吴昱，抚宁伯朱永，工部尚书白圭，侍郎蒯祥、陆祥。参加营建的军民工匠共8万多人。

在这些朝廷大员的督理下，裕陵工程进展很快，仅两个月左右的时间，就把地下玄宫建成了。天顺八年五月八日，奉英宗皇帝梓宫入葬；六月二十日，陵寝工程全部告竣。《明宪宗实录》记载当时裕陵的规制为："金井宝山城池一座，照壁一座，明楼、花门楼各一座，俱三间，香殿一座五间，云龙五彩贴金朱红油石碑一，祭台一，烧纸炉二，神厨正房五，左右厢房六，宰牲亭一，墙门一，奉祀房三，门房三，神路五百三十八丈七尺，神宫监前堂五间、穿堂三间、后堂五间、左右厢房四座二十间、周围歇房并厨房八十六、门楼一、门房一、大小墙门二十五、小房八、井一，神马房马房二十、砖石桥二、周围包砌河岸沟渠三百八十八丈二尺、栽培松树二千六百八十四株。"

陵园从营建到完成，只用了近四个月的时间。裕陵的建筑曾在清朝乾隆五十至五十二年（1785-1787年）修缮，情况与献陵相同。

民国年间，祾恩殿在战乱中被拆毁，祾恩门则于民国六年（1917年）被焚毁。现在殿、门都成遗址，其余建筑还保存较好。

五、明茂陵

明茂陵，是明朝第八位皇帝宪宗纯皇帝朱见深和王氏、纪氏、邵氏三位皇后的合葬陵寝，在裕陵右侧的聚宝山下。

茂陵的陵名是在成化二十三年（1487年）九月十五日确定的。同一天，嗣皇帝孝宗朱祐樘下旨建陵。陵址由礼部右

▲明孝宗朱祐樘

侍郎倪岳及钦天监监正李华等人卜定。内官监太监黄顺、御马监太监李良、太傅兼太子太师保国公朱永、工部左侍郎陈政奉命提督军士工匠营造。九月十九日，山陵启土动工，参与工程的京营军将达4万多。十二月十七日，安葬宪宗及孝穆太后。弘治元年（1488年）四月二十四日，茂陵陵寝工程竣工，共用了七个多月的时间。陵寝制度与裕陵大体一致，但有一点与其他各陵都不相同：宝城内琉璃照壁后面安排有左右两个方向的踏跺，可以登上宝山。

陵园建成后的第三天，天寿山突然降下大雨，雷电风雹铺天盖地，各陵楼、殿、厨、亭及各监厅屋兽吻、瓦饰被击碎很多。大臣们交章上奏，请新登基的孝宗皇帝亲贤勤政，修德爱民，以回天意。显然，大臣们是用"天人感应"的唯心主义思想解释灾异的由来，警示新登极的孝宗皇帝，在今后的执政期间，不要抑贤用邪，不要听信谗言，否则，上天还会降下灾异，表示惩罚。

茂陵的建筑在清初时保存尚好，而且祾恩殿内的陈设也保存较多。顾炎

武《昌平山水记》记载顺治、康熙年间茂陵的情况是："十二陵惟茂陵独完，他陵或仅存御榻，茂陵则簋簠之属犹有存者。"

清朝乾隆五十至五十二年（1785-1787年），茂陵曾得到修缮。除祾恩门连同台基一同缩建以外，其他修缮情况都与裕陵相同。到清朝末年，祾恩门因年久失修已经倒塌。民国年间，祾恩殿本来已经残坏，又被拆毁。现状情况和裕陵相同。

六、明泰陵

明泰陵，是明朝第九位皇帝孝宗敬皇帝朱祐樘及皇后张氏的合葬陵寝，在笔架山东南麓，这里又叫施家台或史家山。

泰陵陵事的筹划是在明孝宗去世之后。《明武宗实录》记载，武宗登帝位后，就着手筹办孝宗丧事。礼部左侍郎李杰、钦天监监副倪谦和司礼监太监戴义对武宗说："茂陵西面有个叫施家台的地方，是个建陵的吉地，大行皇帝的陵寝可以在那里营建。"工科右给事中许天锡也向武宗建议，派廷臣中精通风水术的人，前去复视一次。他还提议："如有疑，亟移文江西等处。广求术士，博访名山，务得主势之强，风气之聚，水土之深、穴法之正、力量之全，如宋儒朱熹所云者，庶可安奉神灵，为国家祈天永命之助。"礼部也赞成这个提议。于是，武宗命令太监扶安、李兴、覃观及礼部右侍郎王华等人前往施家台看视，最后确定在那里营建孝宗陵寝。

▲明康陵宝城园门

弘治十八年（1505年）六月五日，陵园正式兴工，并定陵名为泰陵。上万人经过四个月建设，玄宫落成，当年十月十九日午刻将孝宗葬入陵内。正德元年（1506年）三月二十二日，陵园的地面建筑也全部告成。整个陵寝建筑按《明武宗实录》记载包括："金井宝山城、明楼、琉璃照壁各一所，圣号石碑一通，罗城周围为丈一百四十有二，一字门三座，香殿一座为室五，左右厢、纸炉各两座,宫门一座为室三,神厨、奉祀房、火房各一所,桥五座,神宫监、神马房、果园各一所。"

泰陵的营建虽然有十来个月的时间,但却不是一帆风顺。祝允明《九朝野记》和孙绪《无用闲谈》曾记载,泰陵营建中在开挖玄宫金井时,曾有泉水涌出,"水孔如巨杯,仰喷不止"。吏部主事杨子器亲眼看到,如实上奏朝廷。在古代的风水观念中,金井出水,被看做不祥。这样一来,泰陵非改址不可。

当时的督工太监李兴,受武宗皇帝宠信,不可一世。看到有人对他主管的修陵一事提出意见,十分气恼。李兴希望陵寝尽快工成,也认为杨子器多嘴。他们偷偷命人堵住泉眼,上疏说杨子器"诽谤狂妄"。武宗信以为真,不问青红皂白,立即下令将杨子器关进大狱。其他知情官员再也不敢提这件事,更不敢为杨子器分辩求情。恰巧,有个新被起用的知县,莆田人邱泰,来到京城,见京城对这件事议论纷纷,就上疏说:

▲明十三陵永陵石五供

"子器比奏甚有益,盖泰陵有水,通国皆云。使此时不言,万一梓宫葬后有言者,欲开则泄气,不开则抱恨终天。今视水有无,此疑可释。"武宗觉得有理,命司礼监太监萧敬押解杨子器前往泰陵,一同察看验证。杨子器料到李兴会堵住泉眼,自己凶多吉少,临行时赋诗一首:

禁鼓元声晓色迟,午门西畔立多时。
楚人抱璞云何泣,杞国忧天竟是痴。
群议已公须首实,众言不发但心知。
殷勤为问山陵使,谁与朝廷决大疑。

他自比战国时代向楚王进献美玉的卞和，认为自己做了杞人忧天的傻事儿。现在，不知朝中谁能为自己雪清这不白之冤。萧敬押着杨子器到了泰陵，李兴果然带人赶到。萧敬对他们说："水之有无，视之立见，何必如此？""士大夫可杀，不可辱也。"回到朝廷，萧敬禀报了泰陵金井无水的情况。太皇太后王氏（宪宗皇后）在宫内听说这件事，传旨说："无水则已，何必罪人！"杨子器才官复原职，避免了一场杀身大祸。

其实，即使泰陵金井没有出水，从"风水"的角度看，泰陵的位置也存在多处不符合"吉壤"条件的地方。如梁份在《帝陵图说》中就曾这样评论泰陵的风水："山巅巨石，土山戴之。而灵域之脉实生其下，盖天寿山外之山。滑然杂乱，地气不正，穴结无情，非可为弓箭之所也。况乎黑岭南障，一无所见于前。贤庄，灰岭之水出其左，锥石之水出发其右，二水虽合，环绕南流，流而散也。则皇堂之地不可言，概可知矣！"谈迁在《国榷》中也说："泰陵临溪水，直流若千里，制又卑隘，识者知其地之不吉矣。"

泰陵有的建筑在清朝康熙时就已残坏。《帝陵图说》记载，泰陵祾恩门"今左右两门坏，垒石以塞门"。此后，清朝乾隆五十至五十二年（1785-1787年），陵园建筑曾经得到修葺。

七、明康陵

明康陵，是明朝第十位皇帝武宗毅皇帝朱厚照（年号正德）和皇后夏氏的合葬陵寝，在金岭（又叫莲花山或八宝莲花山）东麓。

陵寝建筑由神道、陵宫及陵宫外附属建筑三部分组成。神道上建五空桥、三空桥各一座，近陵处建神功圣德碑亭一座，亭内立碑，但碑上无字。陵宫建筑总体布局呈前方后圆形状，占地2.7万平方米。前面有两进院落。第一进院落，以祾恩门为陵门，单檐歇山顶，面阔三间。院内建祾恩殿及左、右配殿，各五间。神帛炉两座。第二进院落，前设三座门，内建两柱牌楼门及石供案，案上摆放石质香炉一座，烛台、花瓶各两件。方院后面是圆形宝城，在宝城入口处建有方形城台，城台上建重檐歇山式明楼。楼内竖立圣号碑，上刻"大明武宗毅皇帝之陵"。明楼后宝城内从排水沟里侧开始向中心部位起冢，墓冢形状自然隆起。冢前及稍前两侧分别砌有高不及胸的冢墙，墙前正对宝城瓮道处建琉璃照壁一座。

八、明永陵

明永陵，是明朝第十一位皇帝世宗肃皇帝朱厚熜及陈氏、方氏、杜氏三位皇后的合葬陵寝，在阳翠岭南麓。

永陵是在世宗皇帝登极后的第十五年营建的，是他在位时营建的寿宫。但最初选陵址却是在嘉靖七年（1528年）皇后陈氏去世时。当时，世宗命令辅臣张璁及兵部员外郎骆用卿等人为陈皇后选择陵地的同时，也秘密选好了自己的陵地。

骆用卿在嘉靖年间以通晓风水术闻名。他来到天寿山后，外观山形，内察地脉，为世宗选择了橡子岭和十八道岭两处吉壤。随后，世宗就带领群臣和钦天监官员，到骆用卿为他选定的两处吉壤察看，看后觉得十八道岭风水最佳，决定在那里建陵。但他还不放心，又派人到江西一带找来著名风水师杨筠松、曾文迪、廖三传的后人再次察看。最后十八道岭被确定为建陵地点。世宗嫌十八道岭山名不雅，下诏改名为"阳翠岭"。嘉靖十五年（1636年）四月二十二日申时，浩大的陵工开始了。世宗皇帝亲自主持了祭告长陵的典仪，武定侯郭勋、辅臣李时奉命总体管理山陵营建事宜。在这一天动工的还有其他七陵的修缮工程、长陵神道甃石以及石像加护石台工程等。

在营建过程中，世宗打算按照长陵的规制进行营建，却又不好把话说明，就虚情假意地对大臣们说："陵寝之制，量仿长陵之规，必重加抑杀，绒衣瓦棺，朕所常念之。"大臣们对世宗的话心领神会，送给他御览的陵寝设计图只比长陵规模略小，因此很快得到世宗同意。大约经过7到11年的经营，永陵营建大体告成。

建成后的永陵与前七陵相比，确有独特之处。首先，规模宏大。在古代，陵园规模的大小，取决于陵园殿庑、明楼及宝城规则。按照《大明会典》的记载，永陵宝城直径为81丈，祾恩殿为重檐七间，左右配殿各九间，规制仅次于长陵，而超过献、景、裕、茂、泰、康六陵制度。祾恩门面阔五间与长陵相等。后来只有定陵与它同等规制。

另外，永陵的方院和宝城外，还有一道前七陵都没有的外罗城，"壮大，甃石之缜密精工，长陵规划之心思不及也"。外罗城内，左列神厨、右列神库各五间，还仿照深宫永巷的体制建有东西长街。《帝陵图说》曾记载这座外罗城的由来:"永陵既成,壮丽已极,为七陵所未有。帝登阳翠岭顾工部曰:'朕陵如是止乎?'部臣仓皇对曰:'外尚有周垣未作。'于是周遭甃砌,垣石坚厚,壮大完固。虽孝陵所未尝有,其后定陵效之。"因为按《明世宗实录》卷187的记载,当时夏言等人拟定的永陵陵寝制度,是按照世宗的旨意,把皇妃从葬与陵园制度一体考虑的。更确切地说,世宗皇帝是想把自己的妃子们也葬在自己的陵园内,于是,夏言等人设计了外罗城,以便将皇妃们埋葬于外罗城之内,布葬的位置拟在"宝山城之外,明楼之前",也就是明楼前左右宫墙之外,左右相向,依次而祔。后来,世宗皇妃们的墓室虽然没有按原议定的方案修在外罗城内,但外罗城则按原定计划修建了。

永陵砖石结构的明楼,造型新颖的圣号碑,别具一格的宝城城台设计,以及宝城墙花斑石垒砌的城垛,祾恩殿、祾恩门"龙凤戏珠"图案的御路石雕,也都是以前各陵没有的,这些作法后来为定陵所效法。

由于永陵用料考究,规制宏阔,明隆庆《昌平州志》称它"重门严邃,殿宇宏深,楼城巍峨,松柏苍翠,宛若仙宫。其规制一准于长陵,而伟丽精巧实有过之"。永陵的建成,耗费了大量国库银两。据《明世宗实录》记载,当时参加营建永陵的三大营官军有1万人,再加上嘉靖十六年(1537年)正月陵区内新行宫和圣迹亭的兴工,以及皇宫内外工程,每月费银不下30万两。但当时工部库存银只有百万两,修陵经费十分困难。为此,世宗只得采纳大臣们的意见,用广纳事例银的办法,以保证永陵工程的需要。

▲明十三陵昭陵檐角雕刻

清朝乾隆五十至五十二年(1785-1787年),清廷修葺十三陵时,永陵也得到了修整。当时永陵的祾恩门和祾恩殿虽然"头停椽望尽属破坏，柁、檩、枋、垫亦有糟朽"，但大木构架没有大损，负责修陵的工部尚书金简、户部侍郎曹文埴等人本应建议按原制修缮，可是十三陵修缮范围较大，到乾隆年间楠木已经"采伐殆尽"，如果"仍照旧式修整，则长陵、永陵两处购求大木更难办理"，经过商议，提出了一个拆大改小的建议："拟将永陵享殿等处拆卸，一切柱木大件先尽长陵均匀配用。其永陵宫门、享殿，再将拆下两庑各座木料配搭，按照各陵规制建造享殿五间、宫门三间。""如此转移筹办，不独长陵规模可仍其旧，轮奂维新，即永陵殿宇亦得与诸陵一律缮治整齐，观瞻并皆宏敞。"乾隆皇帝下令修缮十三陵，目的在于怀柔汉满两族关系，以维护大清王朝的统治。政治目的是首位，只要能达到政治目的，陵园是否符合原制并不重要。而按照这一建议实施，就会压低修陵的经费。所以，金简等人的奏折呈到宫廷内，乾隆皇帝很快就批准了。

▲定陵地宫孝靖后宝座

因此，永陵的祾恩门、祾恩殿全部被缩小规制建造：祾恩殿由面阔七间（通阔50.65米）、进深五间（通深27.72米）缩小成面阔五间（通阔25.91米）、进深三间（通深14.4米），殿顶由重檐式改建为单檐歇山式；祾恩门由面阔五间（通阔26.26米）、进深二间（通深11.26米）缩小成面阔三间（通阔12.3米）、进深三间（通深8.7米），单檐歇山顶的形制没变。

民国年间，乾隆时期改建的祾恩殿、祾恩门相继塌毁。现在台基上还完整地保留着改建后的门、殿的柱础石。明代门、殿的柱础石保留不多，但可以看出其体量明显大于改建后的柱础石。其中，祾恩殿现存明代重檐金柱柱础石鼓镜部分直径达1.2米，比长陵的只少2厘米。可以想象明朝时永陵祾恩殿的楠木柱也是十分粗壮的。

九、明昭陵

明昭陵，是明朝第十二位皇帝穆宗庄皇帝朱载垕（hòu）和他的三位皇后的合葬陵寝，在大峪山东麓。昭陵是目前十三陵中第一座大规模复原修葺的陵园。陵园建筑面积为35000平方米，现存有完整的祾恩门、祾恩殿及东西配殿和方城、明楼、宝顶等。

明朝灭亡后，昭陵遭到两次破坏。1644年，战乱中明楼遭火焚；清朝康熙三十四年（1695年）三月五日，大雨滂沱，雷电交加，祾恩殿和

▲明定陵金翼善冠

两庑配殿遭雷击起火，看守陵寝的士兵拼命扑救，只救下了两庑配殿，祾恩殿被彻底烧毁。乾隆年间，两庑配殿和祾恩门又相继被破坏。乾隆五十至五十二年，清政府为缓和民族矛盾，重新修葺明十三陵，昭陵也在其中。从遗址分析，当时修葺的项目只有明楼、祾恩门、祾恩殿三项工程。

明楼的斗拱，按明朝制度各陵都是上檐单翘重昂七踩斗拱，下檐重昂五踩斗拱。修葺后的昭陵变成了上下檐都是单翘单昂五踩斗拱，明楼内还增加了条石券顶。祾恩门、祾恩殿重建时都缩小了尺度。祾恩殿，原制面阔五间（30.38米），进深四间（16.77米）。清代重建后，面阔间数没有改变，尺度缩小为23.3米，进深改为三间，尺度缩小为11.92米。祾恩门，原为面阔三间（18.44米），进深二间（8.04米）。清代重建后，面阔缩小为12.52米，进深缩小为6.77米。陵内的两庑配殿和陵前的神功圣德碑亭不仅没有重建，而且残垣断壁也被拆除。只在碑石周围旧亭基上修建了一周宇墙。此后，长达200年的时间里一直没有修缮。昔日壮丽的陵园建筑满目凄凉，只剩下残坏的明楼和陵墙了。

十、明定陵

明定陵，是明朝第十三位皇帝神宗显皇帝朱翊钧和他的两个皇后合葬陵寝，在大峪山下，长陵的西南方，（1584-1590年）万历十二年至万历十八年营建。主要建筑有祾恩门、祾恩殿、宝城、明楼和地下宫殿等。占地182000平方米。它是明十三陵中唯一一座被发掘了的陵墓。

明定陵地面建筑的总布局，呈前方后圆形，象征中国古代天圆地方的哲学观念。定陵早在万历帝生前就开始营建，万历十二年（1584年）开工，经6年完成，耗银八百万两。陵墓建成时皇帝只有28岁，直到公元1620年才正式启用，陵墓整整闲置了30年。定陵是明十三陵中最大的三座陵园之一。它的地面建筑共18万平方米，前有宽阔院落三进，后有高大宝城一座。陵正门前方是三组汉白玉石桥，过了桥是高大的碑亭。亭周围有祠祭署、宰牲亭、定陵监等建筑物300多间，再往后就是陵园最外面的围墙外罗城。

陵宫的总体布局也呈前方后圆形。外围是一道把宝城、宝城前方院都包在内的"外罗城"。城内面积约18万平方米。清梁份《帝陵图说》对这道外城做过这样的描述："铺地墙基，其石皆文石，

▲北京十三陵庆陵残迹及新明楼远眺

滑泽如新，微尘不能染。左右长垣琢为山水、花卉、龙凤、麒麟、海马、龟蛇之状，莫不宛然逼肖，真巧夺天工也。""覆墙黄同瓦，刻砖为斗拱，檐牙玲珑嵌空，光莹如玉石。甲申之变，寸寸毁之，而不能尽毁也。"外罗城仅前部正当中轴线位置设宫门一座，就是陵寝第一道门，黄瓦、朱扉，设券门三道。

外罗城内，偏后部位为宝城。宝城之前，在外罗城内设有三进方形的院落。

▲ 明德陵功德碑

　　第一进院落，前设单檐歇山顶式陵门一座，形制如外罗城门，为陵寝第二道门，又叫重门。左右各设有随墙式掖门一道。院落内无建筑设施，院落前左侧建有神厨三间，右侧建有神库三间。

　　第二进院落，前墙间设祾恩门。面阔五间(通阔26.47米)，进深两间(通深11.46米)，下承一层须弥座式台基。台基上龙凤望柱头式的石栏杆及大小螭首设置齐备，前后还各设有三出踏跺式台阶。

　　第三进院落，前墙间建有陵园最主要的殿宇——祾恩殿。形制为重檐顶，面阔七间（通阔50.6米），进深五间（通深28.1米），下承须弥座式台基一层，围栏雕饰同祾恩门。台基前部有月台。月台前左右各设有三出踏跺式台阶。殿有后门，所以台基的后面也设一踏跺式台阶。其中，后面的踏跺及月台前中间的踏跺设有御路石雕，刻龙凤戏珠（左升龙，右降凤）及海水江牙图案。祾恩殿左右各设随墙式掖门一座。院内沿中轴线设有两柱牌楼门一座、石几筵一套。牌楼门的两柱作出头式，白石雕成，截面为方形，顶部雕坐龙，前后戗（一座）、烛台（二座）、花瓶（二座）组成，形制如同长陵、永陵。

由于宝城的隧道门设于宝城墙的右前方，帝后棺椁在享殿（祾恩殿）内举行"安神礼"后，必须途经外罗城内才能进入宝城的隧道门入葬玄宫，同时考虑到建筑设计的对称性，在第三进院落左右两墙又对称地设有随墙式掖门各一座。

此外，定陵外罗城之前，左侧还建有宰牲亭、祠祭署，右侧建有神宫监、神马房等附属建筑，定陵卫的营房则建在昌平城内。其中，定陵祠祭署的建筑布局是中为公座，后为官舍，前为门。神宫监有重门厅室，房屋多达300多间。

十一、明庆陵

明庆陵，是明朝第十四位皇帝光宗贞皇帝朱常洛（年号泰昌）和三位皇后郭氏、王氏、刘氏的合葬陵寝，在北京昌平天寿山陵内黄山寺二岭南麓。

庆陵的地下玄宫自天启元年（1621年）三月定穴营建，七月二十九日合龙门，历时四个月，耗银150万两。而且工程质量精细，除玄宫全部用石料外，后、中、前殿有重门相隔。天启六年地面建筑完工。陵园建筑由神道、陵宫及陵宫外附属建筑三部分组成。神道上建单空石桥一座。近陵处建神功圣德碑亭，亭内竖碑，螭首龟趺，碑上无字。

陵宫建筑总体布局呈前方后圆形状，占地约2.76万平方米。前面有两进方院，彼此不相连接，在二进院落之间有神道相连，并于第一进院落后建单空石桥三座。第一进院落，以祾恩门为陵门，单檐歇山顶，面阔三间。院内建祾恩殿及左右配殿，各五间。神帛炉两座。第二进院落前设三座门，内建两柱牌楼门及石供案，案上摆放石质香炉一，驻泰、花瓶各二。方院之后为圆形宝城，在宝城入口处建有方形城台，城台之上建重檐歇山式明楼。楼内竖圣号碑，上刻"大明光宗贞皇帝之陵"。明楼后宝城内满填黄土，中央夯筑上小下大的圆柱形体为宝顶，底部直径约28米。

冢前拦土墙与宝城墙同等高度，并与宝城城台及两侧墙体围成一个平面近于"月牙"形状的院落——哑巴院，院内有随墙式琉璃照壁。零工外还有一些附属建筑，如宰牲亭、神厨、神库、祠祭署、神宫监、朝房、果园、榛厂、神马房等。

四 | 走进五千年帝陵

▲明思陵石碑

　　庆陵的排水系统独具特色。对于宝城两侧山壑间的流水，其他各陵都是用明沟排水的方式从陵前绕道排出。而庆陵则是在明楼前修建了一个平面为"T"形的地下排水涵洞。宝城两侧的水流从左右宫墙下的地下涵洞流入，在明楼前的地下汇合后向前排出,从地下躲过环抱于前的龙砂,然后注入砂前的排水明沟,经祾恩殿后的三座石桥,从前院的右侧绕过陵前注入河槽。

清朝乾隆年间工部尚书金简、户部侍郎曹文植、礼部尚书德宝上疏:庆陵的明楼、享殿、宫门,"头停瓦片、檩、枋脱落,椽望柱木倾欹"。于是在乾隆五十至五十二年(1785-1787年)间,清廷下令修葺。修葺时,将陵前神功圣德碑亭拆去墙垣,只留石碑,并于碑外四隅补修齐胸高的宇墙。祾恩殿、祾恩门都缩小规制复建,拆除了左、右配殿。封塞了宝城的方城券洞,并在城台右掖增构了礓磜礤路直达城台上。明楼由木质梁架结构改为石券顶结构。

因为年久失修,陵园建筑现在残毁严重。陵墙墙体顶部瓦件损坏较多。祾恩门、祾恩殿台基石构件损坏残破。三座门过木糟朽,瓦件脱落。石桥栏板坠落,宝城墙垛墙、宇墙大多损毁,明漏斗拱瓦顶几乎全部残坏。另外,内河宝城两侧排水不畅。

十二、明德陵

明德陵,是明朝第十五位皇帝熹宗朱由校和皇后张氏的合葬陵寝,在潭峪岭西麓。

熹宗朱由校,是光宗的长子,万历三十三年(1605年)十一月十四日生,泰昌元年(1620年)九月六日登皇帝位,次年改元天启。天启七年(1627年)八月二十二日去世,年仅23岁,谥号"达天阐道敦孝笃友章文襄武靖穆庄勤哲皇帝"。崇祯元年(1628年)三月八日安葬在德陵。

熹宗朱由校的皇后张氏,名叫嫣,字祖娥,小字宝珠,河南祥符人。天启元年选后时,被选入宫中,当时15岁。因体态丰满,天启的乳母客氏嫉妒,不愿选她做皇后。无奈天启帝一眼就看中了张氏,封为皇后,其父张国纪封为太康伯。张皇后入宫后,受到魏忠贤、客氏的刁难,怀皇长子后,客氏暗地里撤掉皇后宫中所有宫女,派自己的心腹伺候皇后,乘给张皇后捶背时,用重力捶,使胎儿流产。但是张皇后为人正派,始终不与阉党集团妥协。

一天,天启帝来到皇后宫中,问皇后最近看什么书,张皇后说看《史记赵高传》。天启帝听完沉默了很久。魏忠贤知道后,更加忌恨张皇后。不过，昏庸的天启帝虽然信任阉党，却对自己的老婆很好，保护了张皇后，使她没有被阉党暗害。天启七年，皇帝病危，魏忠贤想用自己侄子的孩子冒充皇子继承皇位，派人让张皇后承认这孩子是张皇后的孩子。张皇后毅然回绝说，从命早晚是死，不从命早晚也是死，不从命而死，死后还有面目见列祖列宗。

魏忠贤无奈，只好放弃这一计划。当天启帝准备把皇位传给信王（也就是后来的崇祯帝）时，信王朱由检害怕招来杀身之祸，不敢继位。张皇后出面，为天下苍生计，通过很多道理说服信王继位，并在危难时帮助信王正式承继大统。当时情况危急，信王进宫时，张皇后嘱托，不能吃皇宫里任何东西，喝一口水也不行。信王一日一夜没有喝水，只吃了从王府带来的干粮。这里插一句，当时的信王妃、后来的周皇后，也是张皇后帮助挑选的。信王成为崇祯皇帝后，尊张皇后为皇嫂。张皇后也得到了当时全社会的尊重。

1644年农历3月19日，李自成攻破北京。李自成入宫后，张皇后还没有来得及上吊。李自成也久闻张皇后贤明，就把张皇后送回张国纪府上赡养。不料当天晚上，张皇后还是上吊自杀了。

十三、明思陵

明思陵，是明朝最后一位皇帝朱由检及皇后周氏、皇贵妃田氏的合葬陵墓，在陵区西南隅的鹿马山南麓。

清朝入主中原后，为收买人心，笼络汉族地主阶级为清廷效力，才将这座葬有崇祯帝后、妃子的坟墓命名为"思陵"，并改葬崇祯帝后，营建了地上园寝建筑。按《清世祖实录》记载，清廷下令以礼改葬崇祯帝后，并营建思陵建

> **知识链接**
>
> 明穆宗朱载坖（1537—1572年），年号隆庆，在明朝十六个皇帝中是个平庸的皇帝，登基6个月便不愿过问政务，在位6年从未公开发表过自己的政治主张。穆宗虽不关心政务，但对大臣们的建议与做法也不反对，例如历史上著名的"隆庆议和"，就是在大臣们的支持下促成的。隆庆议和发生在隆庆五年（1571年），从此汉蒙两族二十多年没有发生大的战争。无字碑石龟负碑竖立在祾恩门前的碑亭内，空白无字，可能就是因为穆宗皇帝功过难评的缘故。游人到这里喜欢摸石龟，民谚道：摸摸乌龟头，一生不发愁；摸摸乌龟腚，永远不生病。

筑，时间在顺治元年（1644年）五月。

崇祯帝朱由检，是光宗的第五个儿子，万历三十八年（1610年）十二月二十四日生，天启二年（1622年）九月二十二日被封为信王，天启七年（1627年）八月二十四日在中极殿登帝位，第二年把年号改为崇祯，崇祯十七年（1644年）三月十九日自缢身亡，同年四月四日入葬。在明朝的皇帝中，崇祯皇帝是个比较注意恭俭和相当勤政的皇帝。

文献记载，他登帝位后，看到边疆多事，下令停止了御用苏杭织造，"禁衣饰侈僭及妇女金冠袍带等"，自己的御用物品也用铜锡或木制品。他还经常召集群臣，"非盛暑祁寒，日御文华殿与辅臣议政"，批阅章奏，议论时政，常常到深夜。由于崇祯帝比较勤政，而其他各代亡国之君，多荒淫无道或不理朝政，所以历史上的一些史学家认为，崇祯皇帝的亡国是"有君无臣，祸贻邦国"所致。崇祯皇帝自己也认为，自己不是亡国之君而大臣们都是亡国之臣。其实通观崇祯帝治业的失败，亡国的原因是多方面的。

崇祯帝当政初期，以魏忠贤为首的阉党还把持着朝政。朝廷上下，吏治腐败，贪污成风，政治十分黑暗。所以，崇祯帝初入皇宫，保持了较为清醒的头脑。他先剪除魏忠贤的羽翼，最后惩治魏忠贤。紧接着，崇祯帝又调整了内阁班底，先后罢免了依附魏忠贤的黄立极、施来凤、张瑞图、李国榗四名内阁成员。痛扫阉党余孽。由督托专理边政。崇祯帝的一系列政治措施，使阉党势力受到了沉重打击，"朝端渐见清明"，对巩固崇祯初期的政治统治起了很大作用。

但由于内忧外患非常严重，当时的明朝已经是日薄西山、奄奄一息。东北地区，后金势力日益强大，辽东重镇已经失陷。西北地区更是连年干旱，蝗虫遍地，颗粒无收。老百姓不得不吃蓬草，剥树皮，甚至用泥土、石粉充饥，出现了"炊人骨以为薪，煮人肉以为食"的情况，各地农民起义此起彼伏。特别是王喜胤、高迎祥领导的农民起义军，攻城陷地，声势越来越大。

面临这严峻的形势，崇祯帝为扭转危局过于急躁，对吏治的整治不当，加上心胸狭窄，喜逢迎、恶直言和任人不当、多猜疑、重诛杀等缺点，终于使他励精图治、中兴明室的愿望彻底破灭。风雨飘摇的明朝政权，也被农民起义推翻。

清 陵

清陵，是清代帝后的陵墓。依分布状况可分为四区。（1）永陵，在辽宁省新宾满族自治县，是清太祖以前的肇、兴、景、显四陵。（2）清太祖福陵（俗称东陵）与太宗昭陵（俗称北陵），在辽宁省沈阳市附近。（3）东陵，在河北省遵化市，有顺治孝陵、康熙景陵、乾隆裕陵、咸丰定陵、同治惠陵及太宗后昭西陵及诸后妃陵，是全国重点文物保护单位之一。（4）西陵，在河北省易县，有雍正泰陵、嘉庆昌陵、道光慕陵、光绪崇陵及诸后妃陵。

一、永陵

永陵，满语称为"恩特和莫蒙安"，是大清皇帝爱新觉罗氏族的祖陵，在新宾满族自治县城西21千米启运山脚下的苏子河畔。陵内葬着清太祖努尔哈赤的六世祖猛哥贴木尔、曾祖福满、祖父觉昌安、父亲塔克世及伯父礼敦、叔父塔察篇古。1648年，清世祖福临追封猛哥贴木尔为"肇祖原皇帝"、福满为"兴祖直皇帝"、觉昌安为"景祖翼皇帝"、塔克世为"显祖宣皇帝"。所以永陵主要有肇、兴、景、显四陵。

永陵在明末清初营建，原名"兴京陵"。明万历二十六年（1598年），努尔哈赤选定了桥山南面、草仓河西面的一片平阔土地，动工为祖辈修建陵寝。清朝天聪八年（1634年）称为兴京陵，顺治八年（1651年）改称兴京陵山为启运山，设管理陵寝的官员和兵丁。顺治十六年（1659年）尊称兴京陵为永陵，并加派守护官员。康熙九年（1670年），设永陵总管衙门及永陵八旗旗署。康熙十一年（1672年）设永陵掌关防衙门、掌关防官、副关防官兼内管领、副官防官兼尚膳正、

> **知识链接**
>
> 辽宁省境内的永陵、福陵、昭陵，统称盛京三陵。福陵，是清太祖努尔哈赤与皇后的陵墓，是清朝命名的第一座皇陵。昭陵，是清太宗皇太极及其皇后的陵墓，也是盛京三陵中规模最大、结构最完整的陵墓。永陵在盛京三陵中规模最小，占地仅1.1万多平方米，但列三陵之首，是满清皇族的祖陵。永陵在公元1598年兴建，在辽宁新宾满族自治县城西21千米处的永陵镇。

中国的陵墓

尚茶副、尚膳副和笔贴式等，具体掌理陵区各项事宜。

永陵到现在已有400余年的历史。它具有我国古代建筑的优秀传统和满族艺术风格，是我国宝贵的文化遗产。永陵由下马碑、前宫院、方城、宝城、省牲所、冰窖、果楼等部分组成。启运殿是永陵的主体建筑。整个陵寝占地1.1万余平方米。永陵与沈阳福陵、昭陵并称为"关外三陵"。

永陵位于新宾永陵镇西北1千米处。这里群山环绕、草木葱郁，启运山宛若一条探头

▲清永陵启运殿

▲清永陵四祖

藏尾的巨龙，横陈在陵寝身后；波光潋滟的苏子河、草他河如同两条银色飘带，镶嵌于陵区。临河而驻，独有万水朝宗的感觉，在群山众水的映衬下别有一番庄严。

在陵宫正前1千米处，左右各有一个下马碑，相互间隔120米。碑上用满、蒙、汉、藏、维五种文字刻有"诸王以下官员人等至此下马"的字样。由下马碑往北，是一条宽四丈的黄沙大道，笔直地伸向陵园正门，也叫正红门，又称前宫门，是一座暗三间硬山工琉璃瓦顶的建筑，装有六扇朱漆木栅栏门，充分展示了满族先民竖木栅栏园城寨的古朴习俗。

进入正红门就是整个陵区，由前院、方城、宝城三个部分组成。首先四

座神功圣德碑亭映入眼帘，按中长次幼、左长右少次序，分别立有"肇祖原皇帝"、"兴祖直皇帝"、"景祖翼皇帝"、"显祖德皇帝"神功圣德碑亭四座，碑高6.12米（含碑座），同时用满、蒙、汉三种文字镌刻洋洋数千言碑文，都是歌功颂德的溢美之词。碑亭从顺治十二年（1655年）起，历时七年才相继落成。它们坐落在赑屃（bìxì）座上，到现在还显得很有气派。事实上，葬在这里的四位皇帝生前在历史上并没什么建树，只是因为子孙做了皇帝才高贵，被追封为"肇兴四祖"。

清王朝入关进京后，历朝皇帝都为自己建造单独陵寝，永陵的"四祖碑亭"就成为大清皇陵中的一曲绝唱。亭前东、西两侧是大班房和茶厨房，亭后的东侧是果房，西侧是膳房。碑亭北面是方城。方城的南门称为启运门，东西有照壁相对，入门正中是永陵的正殿——启运殿，它是祭祀拜谒祖先的场所，也是陵园的主体建筑。大殿建在长方形月台上，殿单檐歇山式，黄琉璃瓦顶，四壁嵌饰着五彩琉璃蟠龙，四门八窗。殿内有四座大暖阁，阁内设有宝床；四座小暖阁，每阁内供奉有两块神牌，阁前有八个龙凤宝座，四张五供案桌。启运殿的东、西两侧各有配殿三座，西配殿前有焚帛炉一座。绕过启运殿便是宝城，俗称"月牙城"或"坟院"。"兴祖"宝顶之前原有古榆一株，高数十丈，荫庇数亩，枝干结曲，状若神龙。

清皇室把永陵看作"兆基帝业钦龙兴"的地方，所以清代祭陵非常频繁，每年大祭六次，小祭二十四次，几乎终年香火不断。从1682年到1892年，清康熙、乾隆、嘉庆、道光等皇帝先后九次亲自到永陵谒祖巡幸，使永陵谒祖活动成为清代的国家典制。

永陵是东北著名的清代"关外三陵"之首，有"关外第一陵"之称，也是现存比较完整的古代帝王陵建筑。

传说，努尔哈赤的爷爷背井离乡，一天晚上来到了现在的新宾永陵镇，想去找个小旅店住下，可是背着自己父亲的骨灰是不让住店的，那时的满族人已经是火葬了。他就把这个骨灰放在了一个有叉的榆树枝上去住店了。谁知第二天骨灰盒长在树上，拿不下来了。传说这棵树的树杈就是一条龙脉，后来被康熙赐封为神树。直到八国联军进北京时被雷劈了，清王朝到此已走向衰退。如果这是历史的巧合，更为巧合的是，东陵后面的十二座山峰的大小与清十二帝

中国的陵墓

的在位长短和功绩有着惊人的吻合,当地人叫这座山是龙山。对面的山叫凤山,中间还有一条河。俗话说:二山夹一河,辈辈出皇上。

二、福陵

福陵,是清太祖努尔哈赤和孝慈高皇后叶赫那拉氏的陵墓,在沈阳东郊的东陵公园内,因地处沈阳东郊,所以又称东陵。福陵后倚天柱山,前临浑河,万松耸翠,大殿凌云,占地19.48万平方米。福陵中利用地形修筑的"一百零八蹬"(108级台阶),象征着三十六天罡和七十二地煞,是福陵的重要标志。

▲清福陵内的碑楼

▲清福陵石牌坊

清福陵于天聪三年(1629年)开始营建,崇德元年(1636年)四月十二日正式定陵名为福陵,是清朝皇室命名的第一座祖陵。1636年至1820年间多次重建和改建,最后形成陵寝规制。陵寝建筑群由下马碑、石牌坊、正红门、神道、石像、108蹬台阶、神功圣德碑楼、涤器房、果房、茶膳房、朝房、隆恩门、隆恩殿、东配殿、西配殿、焚帛炉、二柱门、石五供、大明楼、宝城等组成,其中依山势所建的神道上的一百零八蹬台阶形式独具匠心。石牌坊雕造精细,反映了清早期满族建筑技术的水平。

清福陵的修建以及后来的重建、改建都是在古代堪舆家的指导下进行的,从选址到规划设计,考虑了陵寝建筑与自然山川、水流和植被的和谐统一,追求自然环境与陵寝建筑的和谐统一,体现了中国古代"天人合一"的哲学思想。

四 走进五千年帝陵

清朝二百多年间,清福陵是皇室从事礼制活动的主要场所。因此,无论是建筑遗存,还是所包含的历史史实,都是研究清朝陵寝制度、丧葬礼仪乃至清初的殉葬制度、祭祀制度、职官体制等政治、经济、文化等方面的实物资料,记录着明末、清朝及民国年间的历史。

三、昭陵

清昭陵,是清朝第二代开国君主太宗皇太极以及孝端文皇后博尔济吉特氏的陵墓,在沈阳古城北,因此也称为北陵。占地面积16万平方米,是清初关外三陵中规模最大、气势最宏伟的一座,是清代皇家陵寝和现代园林合一的游览胜地。园内古松参天,草木葱茏,湖水荡漾,楼殿威严,金瓦夺目,充分显示出皇家陵园的雄伟、壮丽和现代园林的清雅、秀美。昭陵除了葬有帝后外,还葬着关睢宫宸妃、麟趾宫贵妃、洐庆宫淑妃等一批后妃佳丽,是清初关外陵寝中最具

▲清昭陵的华表

▲清昭陵石马"小白"

珍藏中国 **中国的陵墓**

代表性的一座帝陵，是我国现存最完整的古代帝王陵墓建筑之一。

昭陵是在清朝崇德八年（1643年）开始营建，到顺治八年（1651年）基本建成，后经多次改建和增修而成现在的规模。陵寝建筑的平面布局遵循前朝的陵寝原则，自南向北由前、中、后三个部分组成，主体建筑都建在中轴线上，两侧对称排列，仿自明朝皇陵，而又具有满族陵寝的特点。

▲清昭陵月牙城

昭陵全陵占地18万平方米，共分三大部分。由南到北依次为：前部，从下马碑到正红门，包括石狮、石牌坊、更衣厅、宰牲厅；中部，从正红门到方城，包括华表、石像、牌楼和祭祀用房；后部，有方城、月牙城和宝城，是陵寝的主体。

方城正门称为隆恩门，上有门楼。方城四角有角楼。方城内有隆恩殿、东西配殿、东西晾果房和焚帛亭。隆恩殿后面有二柱门、石五供和券洞门，券洞顶端是大明楼。方城后是月牙城和宝城，在宝城中心，上为宝顶，下为地宫。宝城后面是隆业山，登山俯视，陵园风光可尽收眼底。

昭陵前部在缭墙外，参道两侧有华表、石狮、更衣亭等，正中是牌楼。牌楼是前部主体建筑，用青石建成，四柱三层，雕刻得玲珑剔透，精美无双，为罕见的艺术珍品。过了牌楼，就到正红门，这是中部的开始。正红门为缭墙的正南门，层楼高耸，十分庄严，两翼所装饰的五色琉璃蟠龙壁，造型生动，更引人注目。正红门内的参道两旁，有华表、石兽和大望柱，它们两两相对，既整饬（chì）又肃穆。石兽中最值得欣赏的是"大白"和"小白"。这两匹石马形象逼真，栩栩如生，据说是以墓主生前最爱骑的两匹骏马为原型雕琢成的。再往后是碑亭。碑亭与正红门相对，为颂扬墓主而建，里面竖的碑是昭陵神功圣德碑。

出碑亭就到隆恩门。隆恩门是方城的正南门，与碑亭相对。方城为后部，它建造得如同城池一般，位于缭墙，仿佛是城中之城。方城的主体是隆恩殿。隆恩殿在方城中心，前有隆恩门，后有明楼，左右有配殿，四隅有角楼，犹如众星捧月一般，显得异常雄伟。隆恩殿以雕刻精美的花岗岩台阶为底座，以金光闪闪的黄琉璃瓦为屋顶，再加上画栋雕梁、金匾红墙，又显得异常华丽。隆恩殿后经过明楼，就到宝城。宝城在方城北端，为月牙形。宝城又称宝顶，下面就是地宫，安置着墓主夫妇的棺椁和陪葬品。登上宝顶，向四下一望，绿树环绕，景色清幽，宛若置身于城市山林中，一种恬适之感油然而生。

民国十六年五月（1927年），以陵寝为中心辟为北陵公园，占地面积332万平方米。总体

清西陵石牌坊

规划是以陵寝为中心，分陵寝、陵前和陵后三部分。园内的自然景观千姿百态，五彩缤纷，其中芳秀园是北陵公园的园中园，总面积4万平方米，种植了近200种植物，四季分呈，各具特色。初春樱花盛开，满园飘香；盛夏荷花竞放，柳浪闻莺；深秋满山红叶，层林尽染；寒冬银装素裹，苍松挺拔。纵观整个园林，春有花，夏有荫，秋有果，冬有青，奇花异石，小桥流水，有江南一样的秀美风光。园内建筑与景观巧妙结合，用中国传统园林建筑艺术将自然美和人工美合为一体，构成了一幅天然画卷。北陵公园拥有30万平方米的人工湖水面，夏天碧波荡漾，柳岸成荫，乘坐脚踏船、快艇观光游玩，泛舟湖上，别有一番情趣。

昭陵的另一特色是漫漫数里的古松群。现存古松两千多棵，松龄达三百

知识链接

　　清西陵是清朝帝王两大陵寝之一，在河北省易县城西15千米处的永宁山下，离北京120多千米。清西陵是一片丘陵地，周围群峦叠嶂，树茂林密，风景极佳。东有2300多年前的燕下都故城址，西望雄伟的紫荆关，北枕高耸挺拔的永宁山，南抵滔滔东流的易水河。

　　清西陵周界约100千米，面积达800多平方千米。这里北依峰峦叠翠的永宁山，南傍蜿蜒流淌的易水河，古木参天，景态雄伟。雍正八年（1730年）被选为陵址。雍正皇帝的陵址本来选在清东陵九凤朝阳山，但他认为"规模虽大而形局未全，穴中之土又带砂石，实不可用"，因而将原址废掉，命另选万年吉地。选陵址的人奏称，易县永宁山下是"乾坤聚秀之区，阴阳汇合之所，龙穴砂水，无美不收。形势理气，诸吉咸备"。雍正皇帝览奏后十分高兴，也认为这里"山脉水法，条理详明，洵为上吉之壤"。从此，清朝各代皇帝便间隔分葬在遵化和易县东、西两大陵墓。西陵从雍正八年（1730年）先建泰陵，到公元1915年光绪的崇陵建成，历经186年，建筑面积达5万多平方米，共有宫殿1000多间，石雕刻和石建筑100多座，构成了一个规模宏大、富丽堂皇的古建筑群。

　　清西陵现在是一处环境幽雅、风景秀丽的游览胜地。在方圆200里的陵区内，有华北地区最大的人工古松林。从建陵开始，清王朝就在永宁山下、易水河畔、陵寝内外，栽植了数以万计的松树，现在这里有古松1.5万株，青松幼柏20多万株，陵区内松柏葱郁，山清水秀，14座陵寝掩映在松林之中，若隐若现，俨然一幅绚丽的山水画。

　　陵区内千余间宫殿建筑和百余座古建筑、古雕刻，气势磅礴。每座陵寝严格遵循清代皇室建陵制度，皇帝陵、皇后陵、王爷陵都采用黄色琉璃瓦盖顶，妃、公主、阿哥园寝都是绿色琉璃瓦盖顶。这些不同的建筑形制，展现出不同的景观和风格。

　　西陵外围原有红、青、白三层界桩，每层之间距10里，界桩以外还有官山，不许老百姓涉足。为了加强陵区的管理，设立了一套机构。西陵宫殿千余间，石建筑和石雕百余座，构成了一个规模宏大、富丽堂皇的建筑群。众多建筑都有彩画与雕刻，陵区宫殿多施旋子彩画，庙宇牌坊多施和玺彩画，行宫、住宅多施苏式彩画。在陵区雕刻中，为数最多的是龙凤。

四、走进五千年帝陵

多年,摇曳挺拔,参天蔽日。这些苍翠的陵松在金瓦红墙中构成昭陵又一壮丽景观,其中的"神树"、"凤凰树"、"夫妻树"、"姐妹树"、"龟树"等更是别具特色。

四、泰陵

泰陵,是雍正皇帝及他的皇后孝敬、皇贵妃敦肃的陵寝,在永宁山主峰下,在雍正八年(1730年)开始营建。泰陵在西陵陵区的中心位置,是西陵中建筑最早、规模最大的一座。泰陵是清西陵的首陵,其余各陵分布在东西两侧,规制与清东陵基本相同。

泰陵作为西陵的主体建筑,规模大,体系完整。第一座建筑物是一座联拱式五孔桥

▲清西陵神路石象

▲清西陵行宫风光

,过了五孔桥,进入陵区,桥北有三座石牌坊和一条宽十余米、长5里的神道,贯穿陵区全部。三座石牌坊精美高大、巍然矗立,建筑庄重、美观,色彩调和。这三座石坊,都是五间、六柱、十一楼形式,用青花石筑成,上刻有山、水、花、卓、禽兽等图形,形态生动,被视为西陵建筑艺术中具有代表性的作品。泰陵的神道,由三层巨砖铺成,两边苍松翠柏,从南往北分布着40多项大大小小的建筑。依次建造石牌坊、大红门、具服殿、圣德神功碑楼、七孔石拱桥、石像、隆恩门、隆恩殿、方城明楼和宝顶等一系列建筑和石雕刻。隆恩殿建造精美壮观,面阔五间,进深二问。重檐歇山黄瓦顶,木结构卯榫对接。明柱沥粉贴金包裹,殿顶有旋子彩画,梁枋装饰金线点金,枋心彩画"江山统一"和"普照乾坤",色彩调和,殿宇金碧辉煌。

五、泰东陵

泰东陵，是孝圣皇后的陵寝，在河北省易县清西陵境内，雍正帝泰陵的东北约1千米处的东正峪。泰东陵是清西陵3座皇后陵中规模最大的一座。乾隆元年（1736年）九月，主持泰陵工程事务的恒亲王弘晊，内大臣、户部尚书海望向乾隆帝请示：雍正帝入葬泰陵地宫后，是否给皇太后预留份位？乾隆帝不便做主，转而请示皇太后。皇太后降懿旨："世宗宪皇帝奉安地宫之后，以永远肃静为是。若将来复行开动，揆以尊卑之义，于心实有未安。况有我朝昭西陵、孝东陵成宪可遵，泰陵地宫不必预留份位。"乾隆帝遵照皇太后懿旨，于乾隆二年（1737年）在东正峪为皇太后营建泰东陵，约在乾隆八年（1743年）建成。主要建筑由南至北依次为：三孔拱券桥一座、东西下马牌、东西朝房各5间、东西值房各3间、隆恩门一座5间。东西燎炉、东西配殿各5间、重檐大殿一座5间。陵寝门3座、石五供、方城、明楼、宝城、宝顶。宝顶下是地宫。陵前左侧是神厨库。库外有井亭一座。

泰东陵与其他皇后陵相比，有三点独创之处：

一是首创隆恩殿月台上设铜鹿、铜鹤的制度。在泰东陵以前建成的昭西陵和孝东陵，隆恩殿月台上只设铜炉一对。而泰东陵又增设铜鹿、铜鹤各一对。很明显，这是仿照帝陵礼制，首创了皇后陵设铜鹿、铜鹤的制度。以后建的各皇后陵改为设铜鹿、铜鹤各一只，成为定制。

二是首创大殿内东暖阁建佛楼的制度。在泰东陵以前建的皇帝陵和皇后陵，

▲清西陵泰陵金水桥

都没有设佛楼。泰东陵则在隆恩殿东暖阁建了佛楼，为一层。这与孝圣皇后笃信佛教有关。从此以后，凡皇帝陵都建佛楼，凡以后建佛楼都为上下

两层。

三是地宫内雕刻经文、佛像。以前总认为,清代皇陵中,第一个在地宫内镌刻经文、佛像的,是乾隆帝的裕陵。清宫档案记载,泰东陵地宫里也镌刻了经文、佛像。泰东陵比裕陵早6年营建,说明第一个在地宫内镌刻经文、佛像的,是泰东陵而不是裕陵。清宫档案还记载,泰东陵地宫的地面不是用条石铺墁,而是用金砖铺墁。具体泰东陵地宫的规制、经文佛像的内容,因为地宫尚未开启,档案也不齐全,还有待进一步研究、考证。

▲泰陵石拱桥

▲泰陵琉璃棂星门

六、昌陵

昌陵,是清仁宗嘉庆皇帝爱新觉罗颙琰和孝淑睿皇后喜塔腊氏的陵寝,在泰陵以西2里。以一条神道与泰陵相接,是西陵中唯一有神道与主陵相接的陵墓。嘉庆皇帝是乾隆皇帝的第十五个儿子,在位25年(1796-1820年)。乾隆皇帝曾立过两位太子,但都因出天花而夭折,这才改立了由妃子生的颙琰。嘉庆登帝位后不久,惩办了乾隆皇帝的宠臣——大贪官和珅,对当时朝中大大小小的贪官污吏起到了极大的震慑作用。

中国的陵墓

昌陵的建筑形式与布局跟泰陵基本一致，它的豪华富丽也不亚于泰陵。隆恩殿大柱包金饰云龙，金碧辉煌，地面用贵重的花斑石墁地，黄色的方石板上，带有紫色花纹，光滑耀眼，好像满堂宝石，别具特色。昌陵有清朝建立的最后一座圣德神功碑亭，此后清朝皇帝各陵都不再建圣德神功碑亭。

嘉庆元年（1796年），清朝入关第五代皇帝仁宗爱新觉罗颙琰登皇帝位。他遵循父亲昭穆相间、按次序在东陵和西陵界内分建陵寝的制度，在泰陵以西500米处选定了陵址，于当年开始兴建，到嘉庆八年(1803年)完工。工程结束后，陵寝定名为"昌陵"。这是清西陵营建的第二座皇帝陵寝。与此同时兴建、同时完工的，还有嘉庆皇帝17位嫔妃的园寝——昌妃园寝。

昌陵的建筑形式与泰陵大同小异，规模并列。从前面的神道到最后的宝城，一应俱全，但昌陵的宝城比泰陵还高大。昌陵的隆恩殿很有特色，地面铺的是很贵重的黄色花斑石，黄色的方石板上有天然雅致的紫色花纹，光彩耀目，满殿生辉，素有"满堂宝石"的美称。

七、昌西陵

昌西陵，是清朝入关后第五代皇帝爱新觉罗颙琰的皇后陵。昌西陵和昌妃园寝分别葬着孝和睿皇后和妃嫔等人。昌西陵内安葬着嘉庆皇帝的第二任皇后，她也是清代坐在皇后位置上最长的一个。在我国现存的古建筑群中，有两处古建筑有回音壁和回音石，一处是北京天坛，另一处就是清西陵中的昌西陵。昌西陵的回音石、回音壁，回音效果绝妙无比，可与北京天坛的回音壁相媲美。

孝和，钮钴禄氏，满洲镶黄旗人，一等侯恭阿拉的女儿。颙琰登帝位前，她是颙琰的侧室福晋。颙琰当了皇帝以后，封她为贵妃。嘉庆二年二月，孝淑皇后薨逝。百日后，太上皇乾隆敕封钮钴禄氏为皇贵妃，位居中宫，并举行了册封钮钴禄氏为皇贵妃的

▲嘉庆帝

四 走进五千年帝陵

典礼。嘉庆六年，加封钮钴禄氏为皇后。

嘉庆二十五年（1820年）七月，颙琰在承德热河行宫去世，旻宁（道光）继承帝位，将孝和尊封为皇太后。道光二十九年十二月，孝和薨逝，终年74岁。当时，道光皇帝年事已高而且有病，仍然二十七日释缟素。咸丰元年（1851年）为孝和兴建昌西陵，竣工后葬入地宫奉安。谥号全称为"孝和恭慈康豫安成钦顺仁正天熙圣睿后"。这位皇后曾生育两儿一女。

▲昌陵隆恩殿

昌西陵是在1851—1853年营建。既不像孝圣皇后（乾隆的生母）的泰东陵那样宏伟富丽，也不如慈禧皇太后的定东陵那样豪华奢侈，它近似于道光皇帝的慕陵那种典雅风格。隆恩门以内的建筑，从前到后，一座高于一座。陵寝围墙前方后圆，表示天圆地方。

在宝顶月台前面，神道上的第七块石板是块回音石，站在上面说话，无论声音大小，都可以听到洪亮的回音。环绕宝顶的罗锅墙，是回音壁，如果两个人分别站在东、西两端，面壁低声细语，声音像打电话一样清晰，令人赞叹叫绝。昌西陵回音石与回音壁的构成，是清代建筑学家把声学原理用于陵寝建筑的创新。罗锅墙为半圆形，声波的波长小于围墙半径，声波以束状沿墙面连续反射前进，站在围墙两端的人便能听到对方的声音。

▲昌西陵回音壁

八、慕陵

慕陵，是清宣宗道光皇帝的陵寝，在清西陵的昌陵西面15千米处的龙泉峪。慕陵建造得很特殊，与其他帝陵都不相同，是道光帝独出心裁的作品。慕陵以精致小巧的建筑模式、清丽淡雅的建筑风格、工艺卓绝的楠木雕龙，成为清帝陵中最具特色的一例。楠木烫蜡后褐然的色泽，灰黄交融的墙垣，配以蓝天白云，绿树金顶，典雅肃穆，清碧绝尘，自有一番幽远神秘、古朴超然的气度。

慕陵的特点是规模小，没有方城、明楼、大碑亭、石像等建筑，但它的工程坚固，却超过泰、昌二陵。整个围墙，磨砖对缝，干摆灌浆，墙身平齐结实。隆恩殿的建筑工艺精巧，大殿全用金丝楠木，不饰油彩，保持原木本色，打开殿门，楠木香气扑鼻而来。天花板上每一小方格内有龙，而且檩枋、雀替也雕上游龙和蟠龙。这些龙都张口鼓腮，喷云吐雾。据说，这都是道光本人的主意。原来为他选的陵址发现地宫浸水，道光便另选一址，并命名为龙泉峪。道光认为，地宫浸水可能是群龙钻穴、龙口埋水所致。如果把龙都移到天花板上去，就不会在地宫吐水了。于是，他命千百个能工巧匠，用金丝楠木雕成许许多多的龙，布满天花藻井、门窗、雀替、隔扇等处，造成"万龙聚会，龙口喷香"的气势。楠木硬度极高，所以到现在也不用修缮。

起初道光的陵寝设在清东陵。陵寝本着道光追求节俭的精

▲慕陵宝顶

神，取消了二柱门、地宫瓦顶、内刻经文、佛像等部分，大殿、碑亭、石像体量也小了。道光七年完工，且葬入了孝穆皇后，却不料一年后发现地宫渗水一尺七寸。道光震怒之下，将全部陵寝夷为平地，并不顾乾隆定下的祖宗昭穆相间的定制，改在清西陵选址重建陵寝。设计上更加刻意求简，仅有建筑27座，占地45.6亩，比泰陵缩小近80亩。其实外俭内奢，用料材质异常精美，围墙采用磨砖对缝、干摆灌浆工艺到顶，不涂红挂灰，改变了传统的上身糙砌灰砖，刷红浆，下肩干摆的做法，加之两建一拆的经历，道光建陵耗资超过了西陵任何一座陵墓。

> **知识链接**
>
> 整个建筑群反映出了我国古代建筑艺术发展的高度水平和民族风格的优良传统，充分体现了我国劳动人民的杰出智慧和创造才能，是我国极其珍贵的文化瑰宝。西陵陵区富有浓郁的园林气息，陵区古松参天，四季常青。在绿色的海洋里，浮现出金光灿烂的琉璃瓦宫殿。春夏之时，绿荫荫的松涛鸟语，流水潺潺，秀丽如画。
>
> 清西陵有4座帝陵：泰陵（雍正皇帝）、昌陵（嘉庆皇帝）、慕陵（道光皇帝）、崇陵（光绪皇帝）；三座后陵：泰东陵、昌西陵、慕东陵；妃陵3座。此外，还有怀王陵、公主陵、阿哥陵、王爷陵等共14座，共葬有4个皇帝、9个皇后、56个妃嫔以及王公、公主等76人。

慕陵神道放弃与泰陵相接，最南端是一座五孔桥。因为鸦片战争的失败，道光帝"愧对祖宗"、"愧对天下百姓"，于是下令取消了歌功颂德的圣德神功碑和石像。五孔桥北面就是龙凤门，与孝陵、泰陵、昌陵相同，但略小。龙凤门北面，东西各建有下马碑一座。神道碑亭体量较小，石碑正面刻有宣宗谥号，背面按照道光的遗嘱，刻有咸丰帝亲自撰写的记述宣宗一生事迹的碑文，这在清陵中绝无仅有，其实是兼有圣德神功碑的作用。

神道碑亭往北，是神道桥。慕陵没有按照三路三孔的惯例，而是变成了一路拱桥，东西两侧各有一平桥。桥北东西朝房各一座，前出廊，面阔三间，但进深缩小为两间。朝房北面各有一座班房。隆恩门建在石质须弥座上，台面铺金砖，面阔五间，黄琉璃瓦单檐歇山顶，中开大门三道，门内燎炉已无。东西配殿较小，面阔仅三间，进深两间，前出廊，单檐歇山顶。

隆恩殿最为特殊，一改面阔五间的惯例，缩为三间，进深也三间，改重檐歇山顶为单檐歇山顶。殿四周设有回廊，裁撤了月台和大殿周围的栏板和雕龙头，月台上仅设铜炉两尊，不设鹿、鹤。月台东西两角有石幢和嘉量各一座。大殿正面三间都开门，殿东西两侧中间开门，其余为砖墙封闭。隆恩殿、东西配殿所有木构件全部采用珍贵的金丝楠木，造价惊人，不饰彩绘，以楠木本色为基调。天花、群板、绦环板、雀替等处，改变传统的金莲水草案，而是用高浮雕和透雕手法，雕刻上千条云龙、游龙和蟠龙(仅隆恩殿内就有木雕龙714条)，三殿共有木雕龙1318条，成为清代帝王陵寝中独具风格的艺术珍品，只有承德避暑山庄澹泊敬诚殿与它相同。

隆恩殿内北部有三座暖阁，中暖阁供奉道光帝神牌，西暖阁供奉三个皇后的神牌，东暖阁存放谕旨。

九、慕东陵

慕东陵，是道光帝的孝静成皇后博尔济锦氏的陵寝，在慕陵东北方的双峰岫，原本是慕陵妃园寝。

最南端是神道旁两座下马碑，左侧有神厨库和井亭（原来没有，后添建）。神道全为砖墁，没有皇后陵神道的中心石和两侧牙石。三座五孔平桥，都是妃园寝留下的痕迹。

东西朝房面阔五间，进深两间，黄琉璃瓦硬山顶（原为布瓦），布瓦东西班房各三间、隆恩门面阔三间，黄琉璃瓦歇山顶（原为绿琉璃瓦，后全改为黄色）。门内燎炉两座，东西配殿面阔三间（原无），隆恩殿面阔三间，前出月台，但无拦板、铜鼎鹿鹤。殿后为面阔墙一道，中门有门楼，黄琉璃瓦单檐歇山顶，正面额枋上为青白石匾额，上书满、蒙、汉三种文字的"慕东陵"字样。中门两侧开角门。墙北是石五供，北为月台，上建圆形宝顶一座，没有方城和明楼。宝顶东侧并列另建宝顶一座，葬庄顺皇贵妃乌雅氏。

孝静成皇后博尔济锦氏，曾生下皇二子顺郡王奕纲、皇三子慧郡王奕继，都不到三岁就夭折了。道光十二年11月21日生下皇六子恭亲王奕䜣，被封为静贵妃。孝全成皇后去世后，静贵妃代为抚养她儿子咸丰帝。咸丰继承帝位后，尊她为皇考康慈皇贵太妃，颇受恩养。她去世后，其儿子恭亲王奕䜣请求授予她皇后封号入葬，咸丰帝未置可否，只是"哦，哦"两声。但奕

▲清西陵崇陵

䜣以军机大臣身份的便利,让军机处恭办"皇太后"封号事宜,迫使咸丰帝接受既成事实。对此,咸丰帝极为不满,虽然没有取消皇后封号,但在丧葬礼仪上加以减杀,并且在谥号上不加道光帝的"成"字,还找借口罢免了恭亲王的军机大臣职务。

咸丰帝去世后,恭亲王联合两宫皇太后发动辛酉政变,除掉了咸丰帝的八个顾命大臣,重掌军机处,封为议政王,并将他母亲的神牌升入太庙,加谥号为孝静成皇后。博尔济锦氏既不是道光生前所立皇后,她的儿子也没有继位为帝,竟然得到皇后头衔入葬并配享太庙,实在是清朝绝无仅有的孤例。

庄顺皇贵妃乌雅氏,生下皇七子醇亲王奕譞(xuān)、皇八子钟郡王奕詥(hé)、皇九子孚郡王奕譓(huì),被封为琳贵妃,同治五年去世。

孝静成皇后宝顶北部,分散建有宝顶三排,葬15人,有贵妃3位、妃4位、嫔4位、贵人4位,分别是:

南起第　行葬5位,从东往西分别是:恬嫔富察氏(道光二十五年去世)、和妃那拉氏(生皇长子隐郡王奕纬,道光十六年去世)、常妃赫舍里氏(咸丰十年,当英法联军侵入时居圆明园,惊吓而死)、祥妃钮祜禄氏

（生皇五子惇亲王奕誴，咸丰十一年去世）、顺嫔（同治七年去世）。

往北第二行葬5位，从东往西分别是：平贵人（道光三年去世）、定贵人（道光二十二年去世）、李贵人、彤贵妃舒穆鲁氏（起初为贵妃，道光后期降为贵人，同治年间升为皇祖贵妃，光绪三年去世），佳贵妃郭佳氏（起初为嫔，道光年间降为贵人，同治年间升为皇祖贵妃，光绪十六年去世）。

往北第三行葬5位，从东往西分别是：那贵人（道光时期为答应，咸丰时升为皇考常在，同治年间升为皇祖贵人，去世年份不详）、恒嫔蔡佳氏（光绪二年去世）、珍妃赫舍里氏、成贵妃钮祜禄氏（起初为嫔，道光年间降为贵人，同治年间升为皇祖贵妃，光绪十四年去世）、豫嫔尚佳氏（道光年间为答应，咸丰时升为皇考常在，同治年间升为皇祖嫔，光绪年间去世）。

▲清西陵崇陵地宫

十、崇陵

崇陵，是清德宗光绪皇帝和他的隆裕皇后的合葬陵寝，也是我国最后一座帝王陵墓，在泰陵的东南面约4千米的金龙峪。宣统元年（1909年）破土兴建，民国四年（1915年）竣工。崇陵的建筑物数量与规模，完全依照同治的惠陵。建筑工巧，陵园仪树中有罕见的罗汉松和银松。

光绪皇帝名叫爱新觉罗载湉。他父亲是道光皇帝的第七个儿子醇亲王，母亲叶赫那拉氏是慈禧太后的胞妹。同治皇帝病故后，由慈禧太后做主，指定他继承皇帝位。光绪登基时，清王朝面临内忧外患，营造陵寝的工程不能按时破土动工，一直拖延到1908年光绪皇帝驾崩后，1909年才由宣统着手操办。修建期间，清朝已走向灭亡，宣统皇帝与隆裕皇太后退位，向"中华民国"政府提出要求："德宗崇陵未完工程，如制妥修，其奉安典礼，仍如旧制，所有实用经费，均由'中华民国'支出。"当时，南京临时政府的议和代表及各省都督，对清室要求宽大应许。

崇陵是在1909年开始营建，陵址名叫金龙峪。崇陵的规模虽不如雍正、嘉庆的陵墓那样庞大，没有大碑亭、石像等建筑，但它除继承清代建陵规制，参照咸丰帝定陵、同治帝惠陵的风格外，又吸收了古代建筑技术的某些精华，仍具特色。

整个陵寝根据守卫和祭扫的需要，建筑了五孔桥、巡房、牌楼门、神厨库、三路三孔桥、朝房、班房、隆恩门、燎炉、配殿、隆恩殿、三座门、石五供、方城、明楼、宝顶、地宫。为了增强排水性能，每个宫殿基部都建有2米宽的散水，明楼前和三座门前分别挖砌了御带河，地宫内凿有14个水眼与龙须沟相通。隆恩殿木料都是异常珍贵的铜藻、铁藻，质地坚硬无比，用这种木料制作一把普通太师椅，重量竟高达百余斤，所以隆恩殿被誉为"铜梁铁柱"。而且梁架之间增加了隔架料，既能托顶，又使殿内更加美观。隆恩殿内的四根明柱，底部有海水江涯图案，柱身为一条金龙盘绕向上，较其他帝陵的宝相花更加富丽堂皇。

光绪去世时，还未建陵，他的梓宫（棺椁）暂时安放在故宫观德殿。公元1909年3月，光绪的棺椁又由观德殿迁往西陵梁格庄行宫停放，一路起落，共耗银438400多两。虽然当时北京到西陵已通火车，但光绪棺椁仍用人抬。前面有卫兵开道，随后是皇帝和王公大臣，后面还有隆裕皇后、瑾贵妃等，最后是1400多辆轿车。棺椁抬到阜城门，只十里远，就撒掉纸钱1000斤，用银260两。北京到西陵行程240华里，抬杠夫每天分为6班，每班128人，轮流抬着棺椁艰苦行进。沿途支搭三宿芦殿，耗银29000两。经过四天三夜，才把光绪的棺椁运到梁格庄行宫，安放在正殿中。

1913年，崇陵在金龙峪建成。十一月十六日申时，光绪的棺椁正式安放在崇陵地宫中。1913年病逝的隆裕皇后也同葬地宫。

在光绪的棺椁正式安放崇陵地宫的时候，清朝的遗老遗少还在这座帝王陵前，演出了一幕极尽愚忠的闹剧。光绪的老师梁鼎芬是比较典型的一位，他在崇陵的修建过程中，经常到工地瞻祝，为工程的修建筹款募捐。在为光绪送葬时，他由两个亲随搀扶着在陵前执绋(牵引灵柩的大绳)，从行宫一直走到下宫殿。当棺椁、随葬品布置妥当，人们退出地宫后，只有梁鼎芬疯疯癫癫地坐在地宫内，预备为光绪殉葬，后来被他的亲随背出，才算完事。

尽管清廷的遗臣为修建崇陵费尽心思，光绪还是没有能够在他的地下寝宫里平安地长眠下去。1931年军阀混战时期，一伙不明身份的兵匪盗掘了崇陵地宫，多数随葬品被劫走。这座地宫墓道全长63.19米，是无梁无柱的石拱券式建筑，共有四道石门、九座券。门楼、门垛、门框、门簪都用青白石做原料，雕有瓦脊、瓦垄、花瓶等图案，每道石门上都有巨大的铜铸门管扇，八扇石门上分别雕有八大菩萨立像，金券内有宝床，宝床正中有金井，光绪皇帝和隆裕皇后的棺椁停放在宝床上，棺椁周围有用五彩绘制的龙山石16块，宝床前东西各有石座两个，座上有香箱，是存放"册"、"宝"用的。这座地宫虽已被盗，但仍出土了珠宝玉翠等文物数百件。

十一、清东陵

清东陵，是中国最后一个王朝首要的帝王后妃陵墓群，也是中国现存规模最大、体系最完整的古帝陵建筑，共建有皇陵五座：顺治帝的孝陵、康熙帝的景陵、乾隆帝的裕陵、咸丰帝的定陵、同治帝的惠陵。另有东（慈安）、西（慈禧）太后等后陵四座、妃园五座、公主陵一座，埋葬14个皇后和136个妃嫔。

清东陵在河北省唐山市的遵化市境内，西距北京市区125千米。据说是顺治到此打猎时选定的，康熙二年（1663年）开始修建。陵区南北长125千米、宽20千米，清代在这里陆续建成217座宫殿牌楼，组成大小15座陵园。各陵园以顺治的孝陵为中心，排列在昌瑞山南麓，都由宫墙、隆恩门、隆恩殿、配殿、方城明楼及宝顶等建筑构成。其中方城明楼是各陵园最高的建筑物，内立石碑，碑上以汉、满、蒙三种文字刻写墓主的谥号；明楼之后为"宝顶"（大坟头），其下方是停放灵柩的"地宫"。由陵区最南端的石牌坊向北到孝陵宝顶，由一条约12米宽、6千米长的神道连成一气，沿途大红门、大碑楼（圣德神功碑楼）、石像、龙凤门、七孔桥、小碑楼（神道碑楼）、隆恩门、隆恩殿、方城明楼等建筑井然有序，主次分明。

清东陵是一块难得的"风水宝地"。北有昌瑞山做后靠如锦屏翠帐，

四 | 走进五千年帝陵

南有金星山做朝向如持笏朝揖，中间有影壁山做书案可凭可依，东有鹰飞倒仰山如青龙盘卧，西有黄花山似白虎雄踞，东西两条大河环绕夹流似两条玉带。群山环抱的堂局辽阔坦荡，雍容不迫，真可以说地臻全美、景物天成。当年顺治皇帝到这一带行围打猎，被这一片灵山秀水所震撼，当时就传旨"此山王气葱郁，可为朕寿宫"。从此，昌瑞山便有了规模浩大、气势恢宏的清东陵。

▲清东陵慈禧陵"凤上龙下"丹陛

▲ 清东陵慈禧陵大殿内贴金装饰

　　清东陵的建筑恢宏、壮观、精美。580多座单体建筑组成的庞大古建筑群中，有中国现存面阔最宽的石牌坊，五间六柱十一楼的仿木结构巧夺天工；有中国保存最完整的长6000多米的孝陵主神路，随山势起伏极富艺术感染力；乾隆裕陵地宫精美的佛教石雕令人叹为观止，班禅大师赞誉为"不可多得的石雕艺术宝库"；慈禧陵三座贴金大殿，豪华装修举世罕见，"凤上龙下"的石雕匠心独运。

　　整座东陵在木构和石构两方面都有精湛的技巧，可以说集清代宫殿建筑之大成，其中孝陵的石像生最多，共有18对，造型多朴实浑厚；乾隆的裕陵规模最大、最为堂皇；慈禧普陀峪的定东陵则是首屈一指的精巧建筑。目前，清东陵15座陵园中，只开放了裕陵和东、西太后陵及香妃墓等四处。

　　各陵按规制营建了一系列建筑，总体布局为"前朝后寝"。"百尺为形，千尺为势"的审美思想贯穿于每一座陵寝建筑中，使各单体建筑在空间组合上达到了近乎完美的程度。远望时，殿宇、城垣、门坊、道路、桥涵，金黄碧绿、丹红雪白，气势恢宏，壮丽深沉。由远及近，步移景易，变化丰富，秩序严谨，相得相济，引人入胜，是中国古代陵寝建筑的典范之作，建筑艺术达到了中国古代建筑的顶峰。这个庞大的建筑群体包容了中国明清两代宫廷建筑的基本形式，运用了最先进的工程技术，采用了最珍贵的建筑材料，陵区的580多座单体建筑中，有经过两次大地震还岿然不动、历经330年的全国现存最宽的石牌坊；有全长达5.5千米的孝陵主神路；有叩击时声若金钟的"五音桥"；有被誉为"石雕艺术宝库"和"地下佛堂"的裕陵地宫；更有采用最珍贵的黄花梨木建成并用黄金装饰的慈禧陵三大殿，以及"凤上龙下"的丹陛石。游人看后既被那精湛的艺术所倾倒，更为那宏伟的气势所折服。

清东陵是一部用砖、木、瓦、石写就的清王朝盛衰的历史。孝陵的建筑反映出清朝定鼎中原初期财力不足，但雄健古拙；规模庞大的石像则反映出八旗子弟以武力征服中原、靠弓马开创天下的雄姿。景陵、裕陵反映出"康乾盛世"天下太平的时代特征；定陵和惠陵是清王朝一步步走向衰亡的写照；慈禧陵则是权力的象征，反映出慈禧两度"垂帘听政"的那段特殊的历史。

清东陵是中国封建皇陵的集大成者，是我国古代劳动人民智慧的结晶，它综合体现了中国传统的风水学、建筑学、美学、哲学、景观学、丧葬祭祀文化、宗教、民俗等文化，具有重要的历史价值、艺术价值和科学价值，是中华民族和全人类的文化遗产。

清东陵的15座陵寝是按照"居中为尊"、"长幼有序"、"尊卑有别"的传统观念设计排列的。入关第一位皇帝清世祖顺治皇帝的孝陵，在南起金星山、北达昌瑞山主峰的中轴线上，它的位置至尊无上。其余皇帝陵寝，按辈分的高低，分别在孝陵的两侧呈扇形东西排列开来。孝陵的左面是圣祖康熙皇帝的景陵，次左是穆宗同治皇帝的惠陵；孝陵的右面是高宗乾隆皇帝的裕陵，次右是文宗咸丰皇帝的定陵，形成儿孙陪侍父祖的格局，突显了长者为尊的伦理观念。同时，皇后陵和妃园寝都建在本朝皇帝陵的旁边，表明了它们之间的主从、隶属关系。

此外，各皇后陵的神道都与本朝皇帝陵的神道相接，各皇帝陵的神道又都与陵区中心轴线上的孝陵神道相接，形成一个庞大的枝状体系，统绪嗣承关系十分明显，表达了生生息息、江山万代的愿望。

珍藏中国 中国的陵墓

五

名墓掠影

五 名墓掠影

千年不朽马王堆汉墓

马王堆汉墓共有三座墓，分别是西汉初期长沙国丞相轪侯利仓及其妻、儿的墓，在长沙市芙蓉区马王堆乡。

1972年1月16日，考古工作者首先发掘了马王堆汉墓一号墓，墓深达16米，棺椁的边箱中塞满大量的随葬品，由文物上的文字可以分辨出，是西汉长沙国丞相利仓夫人辛追的墓。4月28日，考古人员打开内棺材盖，发现了埋存地下2100多年仍未腐烂的汉代女尸。

1973年11月18日和12月18日，考古人员分别发掘了三号墓和二号墓，确定了三号墓主为利仓的儿子，二号墓主就是西汉初期长沙国丞相轪侯利仓，其中利仓墓因多次被盗遗失了很多随葬品。

马王堆汉墓的地面上，原有大小相仿的两个土丘，东西并列，底径各约40米，顶部圆平，高约16米。当地原是一片4～5米高的土丘，造墓时先在土丘上挖出墓坑的下半部，再用版筑法夯筑出墓坑的上半部和墓道，入葬后填土夯实，筑起高大的坟丘。三座墓都有坟丘，坟丘下是带斜坡墓道的竖穴土坑。坑口平面接近方形，口下有多层台阶，墓坑往下逐层缩小。

▲一号墓女尸辛追

中国的陵墓

　　三座墓的墓坑，形式基本相同，都是北侧有墓道的长方形竖穴。其中一号墓的墓坑最大、最深。墓口南北长19.5米，东西宽17.8米。以下有4层台阶，再下是斗形坑壁，直到墓底。墓底长7.6米，宽6.7米，深16米。另外两座墓的规模略小，墓坑较浅，墓壁只有3层台阶。二号墓墓底长7.25米，宽5.95米；三号墓墓底长5.8米，宽5.05米。

　　三座墓的墓底和椁室周围，都塞满木炭和白膏泥，然后层层填土，夯实封固。由于一号墓的白膏泥堆积得又厚又匀，封固严密，使深埋地下10多米的椁室形成高标准的恒温、恒湿、缺氧、无菌环境，基本排除物理、化学、生物等因素对各种物质的损毁作用，所以墓内的多层棺椁、墓主尸体及随葬

▲马王堆汉墓遗址

▲ 马王堆汉墓出土帛书

器物都完好地保存了下来。另外两座墓，特别是二号墓，因白膏泥堆积较薄，分布不匀，密封程度不好，因此墓内的墓主及随葬品保存情况较差。

一号墓和三号墓的棺椁保存相当完整，结构大体一致，但规模有一定的差别。其中一号墓的庞大椁室和4层套棺，采取扣接、套榫（sǔn凹凸相接的凸出的部分）和栓钉接合等方法制作而成，约用木材52立方米。椁室用厚重的松木大板构筑，长6.73米，宽4.9米，高2.8米，下置垫木和两层底板，再树4块壁板和4块隔板，便形成居中的棺房和四周的边箱，上部覆盖顶板和两层盖板。4层套棺用梓属木材制作，内壁都髹（xiū）朱漆，外表各不相同。外层的黑漆素棺体积最大，长2.95米，宽1.5米，高1.44米，没加其他装饰。第2层是黑地彩绘棺，装饰着复杂多变的云气纹及形态各异的神怪和禽兽。第3层是朱地彩绘棺，装饰龙、虎、朱雀和仙人等祥瑞图案。第4层是直接殓尸的锦饰内棺，盖棺后先横加两道帛束，再满贴以绒绣锦为边饰的羽毛贴花锦。

三号墓的椁室南边箱多一纵梁。套

> **知识链接**
>
> 马王堆三座汉墓共出土珍贵文物3000多件，绝大部分放在4个边箱内，有漆器、纺织衣物、陶器、竹木器、木俑、乐器、兵器、农畜产品、食品、瓜果、中草药和印章等。这些珍贵文物绝大多数保存完好，其中500多件各种漆器，制作精致，纹饰华丽，光泽如新。

棺3层，外棺和中棺的外表都髹棕黑色素漆，没加其他装饰，内棺在加帛束后满贴以绒圈锦为边饰的绣品。从残存的痕迹看来，二号墓结构和一、三号墓有所不同，椁内置2层棺。

一号墓有记录随葬品种类数量的"遣策"竹简，三号墓有"遣策"竹简、医药简及12万多字的帛书。"遣策"竹简详细记载了一号墓和三号墓随葬品的情况，是目前发现的同类竹简中最完整的两批。一号墓出土312枚，三号墓出土410枚，内容都是逐件记录随葬物品的名称、数量和各种物品的分类小计。一号墓和三号墓内棺上的彩绘帛画，保存完整，色彩鲜艳，是不可多得的艺术珍品。

> **知识链接**
>
> 马王堆汉墓出土的各种丝织品和衣物，年代早、数量大、品种多、保存好，极大地丰富了中国古代纺织技术的史料。一号墓随葬的丝织衣物，为家蚕丝织造，数量大，品种多，工艺高超，尤其以绒圈锦最为珍贵。其中薄如蝉翼的素纱单衣，重量还不到1两，是当时缫纺技术发展程度的代表。

马王堆汉墓三号墓出土的帛书中，不仅有世界上最早的天文著作《五占星》、《天文气象杂占》，还有华夏最古老的医药专著《脉法》、《五十二病方》等。帛画则有《长沙国南部地形图》、《驻军图》等，具有很高的艺术性和很强的实用性。此外还有两幅古地图，是中国考古学上古代典籍资料的一次重大发现。地图绘制技术及其所标示的位置与现代地图大体近似，先后在美国、日本、波兰等国展出，评价极高。

马王堆汉墓的乐器中，一号墓出土的二十五弦瑟，是目前发现的唯一完整的西汉初期的瑟，还出土二十二管竽和一套竽律。三号墓除出土瑟、竽外，还有七弦琴和六孔箫。这些都是首次发现的西汉实物。12支一套的竽律管，分别标明汉初的律名，为探讨中国早期律制增添了物证。

马王堆汉墓出土文物不但品种繁多，而且价值极为珍贵，艺术性高、实用性强，引起了全世界的关注，轰动了海内外。20世纪70年代，马王堆汉墓的出土文物（包括汉代女尸），被移放到湖南省博物馆内新建成的"马王堆汉墓陈列馆"中。

中山靖王墓

中山靖王墓，是西汉时代中山靖王刘胜和他妻子窦绾（wǎn）的坟墓，在河北省保定市满城县县城西南1.5千米陵山主峰东坡，又叫满城汉墓。陵山是一座孤立的小山，海拔235.8米，往西北是太行山，往东南是平原。中山靖王墓因为出土了"金缕玉衣"而闻名于世，1988年被中华人民共和国国务院批准为全国重点文物保护单位。

据《史记》、《汉书》记载，蜀汉皇帝刘备的第十三世先祖是汉景帝刘启，刘胜是汉景帝刘启的儿子，在景帝前元三年（公元前154年）被立为中山王，在位42年。死在武帝元鼎四年（公元前113年），是中山国第一代王。

满城汉墓在陵山主峰东坡接近峰顶处，刘胜墓在南，窦绾墓在北，夫妇两墓南北并列，属并穴合葬，就是所谓"同坟异葬"。墓室为依山开凿的巨大洞室，是规模宏大的崖墓，与霸陵相似。刘胜当年选择葬地或许是采用了风水学说的观点，认为葬于善地才利于子孙后代的昌盛。陵山在古代叫凤凰山，由三座相连的山峰组成，主峰居中高卧，两侧峰位于主峰东侧，对称于南北两端，三座山峰呈"品"字形排列，宛如一把坐西朝东的太师椅。西览如仙龟探海，南观似凤凰展翅，东视如巨蟹横卧。满城汉墓墓穴就在主峰脚下，坐西朝东。主峰及背后的山丘称为来龙及大帐，左右二峰称为青龙及白虎。

刘胜夫妻俩的墓相距120米，墓门向东，在墓门前的山坡上有一条宽6米~14米的南北古道，应该是为了营建墓穴和埋葬死者而修建的上山道路。陵山上除了刘胜夫妇墓外，外露的小墓还有18座，分布在陵山南坡，都以长方巨石迭砌，上圆下方，每边长15米，高4米~7米，下面有墓穴洞室。据《史记》记载，刘胜有"子枝百二十余人"，汉人有子孙亲属附葬旧茔的习俗，所以这些坟墓可能是刘胜的子孙及家族的陪葬墓。陵山顶上遍布西汉砖瓦，应该是"中山祠祀"建筑物的遗存。

刘胜墓全长51.7米，最宽处37.5米，最高处6.8米，体积约计2700立方米。窦绾墓东西长49.7米，南北宽65米，最高处7.9米，体积达3000立方米。两墓形制和结构大体相同，都由墓道、甬道、南耳室、北耳室、中室和后室六部分组成。甬道和南耳室是车马房，放置实用的车和驾车的马，还有狗和鹿。北耳室主要放置陶器，象征贮存食物、饮料的仓库和磨房。中室是一个宽大的厅堂，后室是内室，除放置棺椁外，还有铜、铁、玉石、漆器以及俑和钱币等。中室与两个耳室都用木板搭成房屋形。南侧小屋为浴室，洞室顶部作拱形或穹隆顶，壁作弧形，墓内有排水设施。中室和后室之间

> **知识链接**
>
> 中山靖王墓有两件完整的"金缕玉衣"和镶玉漆棺。"金缕玉衣"是国内首次重大发现。衣用玉片制成，玉片间用金丝编缀。"金缕玉衣"是汉代皇帝和高级贵族死后的葬服。按封建等级不同，玉衣有金、银、铜缕的分别，用金缕的等级最高。据《后汉书·礼仪志》载，皇帝"玉衣"用金缕；诸侯王、列侯、始封贵人、公主用银缕；大贵人、长公主用铜缕。
>
> "金缕玉衣"全部由长方形、梯形、三角形、四边形、多边形等玉片拼合，玉片各角穿孔，用黄金制成的丝缕加工编缀。玉衣分头部、上衣、裤筒、手套和鞋五部分。刘胜和窦绾都以"金缕玉衣"作为殓服，结构相同。刘胜的玉衣由2498片玉片组成，所用金丝约1100克。窦绾的玉衣由2160片玉片组成，所用金丝约700克。刘胜的髹漆棺椁已朽。窦绾的用镶玉漆棺，棺内壁镶满琢磨光滑的玉板192块，外壁涂漆，并用玉璧装饰。棺盖和棺的两侧壁各镶2行玉璧，每行4块，棺的两头各镶1块大玉璧，共26块。

有石门。从整个墓室的结构可以看出，这是经过精心设计的，工程艰巨，规模宏大。这种结构完全模仿了地面居住建筑，宛如一座豪华的地下宫殿。

两墓内有随葬品6000多件，品种齐全，放置有序。以陶器数量最多，铜器次之，还有铁器、金银器、玉石器、漆器和纺织品等类。而且有不少是稀世国宝，体现了汉代工匠们高超的创造设计才能和制造技巧。这不仅对研究汉代诸侯王贵族的丧葬制度有着重要价值，而且为研究汉代的冶炼、铸造、制玉、漆器、纺织等手工业和工艺美术发展情况提供了重要资料。

两墓出土文物很多，有铜器、铁器、金银器、玉器、漆器、陶器、丝织品和大型真车马、小型偶车马及五铢钱等。其中最为精美的是铜器，如鎏金银镶嵌乳钉纹壶、鎏金银蟠龙纹壶、错金银篆文壶、错金博山炉、鎏金长信宫灯、错金嵌绿松石朱雀衔环杯等，都是汉代青铜工艺的精品。在铁器中，

五 名墓掠影

▲中山靖王刘胜妻窦绾墓（汉墓）出土的西汉兵器——铜弩机

有低碳钢、中碳钢、"百炼钢"制品和固体脱碳钢制器。另外还出土了用于针灸的金、银医针和用于计时的铜漏壶等。

窦绾墓中出土的长信宫灯是一件罕见的古代艺术珍品，高48厘米，通体镀金，设计精巧，造型生动。灯身是一个跪座执灯的宫女，左手执灯盘，右臂袖口下垂成灯罩，盘上灯罩可以开合，用手转动灯盘短柄，可根据需要调节亮度和照明方向。侍女体中空，蜡烛燃烧时的烟通过宫女的右臂进入体内，可以保持室内空气洁净。灯的各部分既是一个完美的整体，又可以拆卸便于清洗。这个灯造型逼真，侍女哀怨的双眼似乎在寻找一丝生存的希望。灯上还刻有铭文65字。

错金博山炉是一种熏炉，高26厘米，通体用金丝错出精致的纹饰。把香料放进去点燃，烟气通过炉盖的许多小孔，袅袅上升，弥漫房中。炉盖高而尖，铸成山峦重叠的形状，象征海中博山，所以叫博山炉。工艺精湛，举世罕见。

刘胜随身携带的佩饰，是"百炼钢"新工艺的雏形产品。出土的各式箭头多达459枚。有些中碳钢制成的箭头化学成分均匀，杂质极少。有一种三棱状的箭头，表面竟然是用铬化合物处理的，到现在还锋锐无比、光洁如新，而这种工艺在其他国家直到20世纪才出现。

"文景之治"为汉朝积累了大量财富，身份不过是个王侯的刘胜都能如此的挥霍。这些艺术珍品是全人类的共同财富。满城汉墓的发掘也为研究西汉的政治、经济、军事和科学技术提供了重要的实物资料，也充分体现了古代劳动人民的勤劳和智慧。

珍藏中国 中国的陵墓

"巍巍祁连山"霍去病墓

霍去病墓，是中国西汉名将霍去病的墓冢，在陕西省兴平市东北约15千米处，位于汉武帝茂陵东北约1000米。墓地上还建有霍去病庙。我国传统的庙都是坐北朝南，而霍去病的庙却是坐南朝北，意味着他虎视眈眈地注视着北方匈奴，爱国之心，至死不泯。

霍去病，西汉平阳（今山西临汾）人，是西汉名将，也是大将军卫青的外甥。出生于汉武帝建元元年（公元前140年）。霍去病是一位才华出众的青年军事家，18岁时就开始带兵打仗。他曾六次带兵出塞，大破匈奴，很受汉武帝器重。汉武帝封他为大司马、骠骑将军、冠军侯。霍去病的经典之战是决战漠北。他用兵灵活，注重方略，不拘泥古代兵法，勇猛果断，善于长途奔袭，每战必胜，留下了"匈奴未灭，何以家为"的千古名句。元狩六年（公元前117年），霍去病病逝，只有24岁。汉武帝十分惋惜，为他举行了隆重的葬礼，并把他安葬在自己的陵旁。

霍去病墓冢底部南北长105米，东西宽

▲霍去病墓

知识链接

霍去病墓是汉武帝茂陵众多陪葬墓中最重要的一座，也是汉武帝为纪念霍去病的战功而修建的大型墓冢。陵墓形态特殊，且拥有价值很高的石刻群像。1961年，国务院公布霍去病墓为全国重点文物保护单位。

73米。顶部南北长15米，东西宽8米，冢高约25米。墓冢为锥形，用土、石堆筑。在墓冢顶部，人们用天然石块堆积成山形，象征祁连山，用来赞颂霍去病生前在祁连山一带抗击匈奴的丰功伟绩。

霍去病墓现存有石刻16件，是我国现存年代最早的石像实物资料。石雕群像中，有马踏匈奴、跃马、卧马、牯牛、伏虎、野猪、石鱼、卧象、蟾、蛙、猿与熊、怪兽吃羊、石人等等。这些石雕像，都是用整块的麻沙石料，根据它们的自然形态，运用浮雕、圆雕和线刻的手法，雕出人物或动物的轮廓、形态和层次，鲜明生动，有的还给观者留下了想象的余地。石刻依石拟形，稍加雕琢，手法简练，个性突出，风格浑厚，是中国现存时代最早、保存最完整的一批大型石雕艺术珍品。在霍去病墓的大型石雕中，还有两块刻字的巨石，石头上刻写着"大司空"、"平原乐陵宿伯牙造"的字样。这说明，霍去病墓的石雕艺术品，是由当时的官府工匠创作的。这些石刻佳品现在都陈列在建于墓旁的茂陵博物馆里。

霍去病墓前的这些石刻，对以后中国历代陵墓有着深远的影响，汉代以后陵墓石刻一直继承了这种艺术。从历史文献上看，在陵墓前安排石雕群像，早在秦代就已经有了，但是没有实物遗存下来。我们今天所能看到的最早的实物，就是西汉霍去病墓的石雕。因此，其具有很高的艺术价值和历史价值。

> **知识链接**
>
> "马踏匈奴"是墓前石刻的主像，这件石刻是霍去病墓的石刻群中最引人注目的汉代大型雕刻艺术杰作。长1.9米，高1.68米，用灰白细砂石雕凿而成。石马昂首站立，尾长拖地，马腹下雕刻着手持弓箭匕首、长须、仰面挣扎的匈奴人形象，是最具代表性的纪念碑式的作品。凝重、庄严，蕴含着高昂饱满的刚毅气概，以卓然屹立的神情意态，散放出强劲的艺术感染力。这匹战马形象，被赋予百折不挠、坚定不移、威武有力的人格象征。英年早逝的一代名将化作"马踏匈奴"的巨人，表现了中华民族威武不屈的凛然正气。这件石刻是国宝级文物，现在保存在茂陵博物馆。

"青冢拥黛"昭君墓

　　昭君墓，又叫"青冢"，蒙语称为特木尔乌尔琥，意思是"铁垒"，是史籍记载和民间传说中汉代名妃王昭君的墓地，在内蒙古自治区呼和浩特市南面、呼清公路9千米处的大黑河畔。昭君墓，是在公元前的西汉时期营建的，到现在已经有2000多年的历史，是内蒙古自治区的重点文物保护单位。

　　传说，昭君死后，汉族人民和匈奴人民都非常悲痛，纷纷赶来送葬，人们用衣襟包着土，一包一包地填在她的坟上。送葬的人成千上万，络绎不绝，每个人都想多捧几包土寄托自己的哀思，最后竟垒成了一座像小山一样的坟墓。

　　昭君墓墓地东侧是历代名人为昭君墓题写的碑文，西侧是文物陈列室。登上昭君墓墓顶，我们可以看到连绵不断的阴山山脉横贯东西，也会欣赏尽览到呼和浩特市的全景。

　　文物陈列室展出了与昭君有关文物。墓前竖立着董必武题写的《谒昭君墓》诗碑："昭君自有千秋在，胡汉和亲识见高。词客各摅胸臆懑，舞文弄墨总徒劳。"诗碑后侧还竖立有历代歌颂昭君功绩的石碑7通。诗碑前方有呼韩邪单于和王昭君各自骑马并辔而行的大型铜铸雕像，高3.95米，重5吨，形态逼真，两匹骏马相依，单于和阏氏英姿丰采，沉浸在一片和睦、喜悦的气氛中。

　　昭君墓周围景色宜人，加上晨曦或晚霞的映照，墓地的景色似乎时时都有变化。民间传说昭君墓一日三变，"晨如峰，午如钟，西如纵"，更增添

▼青冢昭君墓

五 名墓掠影

了昭君墓这座塞外孤坟的神秘色彩。

西汉初年，百废待兴，山河破碎的西汉王朝无力与迅速强盛起来的北方匈奴族相抗衡，只是采取与匈奴和亲的对策，以宗室女为公主远嫁匈奴单于并送去大量财物。这时的和亲是带有贡纳性质的政治联姻。随着汉武帝反击匈奴的胜利，匈奴内部分裂，其中，呼韩邪单于愿与西汉友好相处，并在汉朝支持下统一了匈奴。汉元帝竟宁元年（公元前33年），匈奴呼韩邪单于第三次来长安，提出和亲请求。昭君自愿远嫁匈奴，后来被立为宁胡阏氏，留下了脍炙人口的"昭君出塞"的故事。

王昭君，姓王，名叫嫱，汉族，是南郡秭归（今湖北省兴山县）人。汉元帝时被选入宫。在中国历史上，王昭君是一个为民族大义毅然远嫁的女中豪杰，是一位献身于中华民族和平友好事业的伟大女性。在中国民间生活中，昭君又是美的化身。王昭君是中国古代四大美女之一，传说她有"落雁"之美，天上的大雁看到她那么美，被惊得掉落下来。数千年来，她的传说、故事在中国民间广为流传，家喻户晓。从唐、宋以来，历代文人咏唱昭君、抒发情感的诗文、歌词、绘画、戏曲更是数不胜数，形成了千古流传的昭君文化。历史学家翦伯赞曾经赞美道："王昭君已经不是一个人物，而是一个象征，一个民族友好的象征；昭君墓也不是一个坟墓，而是一座民族友好的历史纪念塔。""琵琶一曲弹至今，昭君千古墓犹新。"今天的昭君墓，宛如北方草原上一颗璀璨的明珠，成为名扬世界的旅游胜地。这里不仅有历史悠久的文物古迹，还有鸟语花香的自然情趣和独具特色的人文景观，诗情画意，令人流连忘返。

> **知识链接**
>
> 昭君墓，是由人工积土，夯筑而成。墓体是覆斗形状，高达33米，底面积约13000平方米，是中国最大的汉墓之一。墓台顶部是平坦的，上面建有琉璃瓦凉亭。墓前有两层平台，第一层平台中央立着一座巨大石碑，第二层筑有六角凉亭。昭君墓，被覆芳草，碧绿如茵，每年秋季树叶枯黄时，昭君墓上还是草木青青，所以又被称为"青冢"。青冢巍峨壮观，远远望去，呈现出一幅黛色朦胧、若泼浓墨的迷人景色。历史上被文人誉为"青冢拥黛"，是呼和浩特的八景之一。

章怀太子墓

▲《狩猎出行图》，陕西省乾县唐代章怀太子墓壁画

章怀太子墓，是唐高宗次子李贤与妃子房氏的合葬墓，是乾陵的重要陪葬墓之一，在陕西省乾县乾陵东南约3千米处的乾陵乡杨家洼村北面的高地上，距乾县城西北约3.5千米、西兰公路东侧约300米处。

章怀太子李贤，字明允，是唐高宗与武则天所生的第二个儿子，出生在654年。李贤是高宗的子女中比较有才华的一个，深受高宗喜爱，曾被立为太子，后来被武则天贬为庶人。684年，李贤被武则天逼迫自杀。706年，唐中宗复位后，将李贤的墓以雍王礼陪葬乾陵。景云二年（711年），重开墓室与他的妃子房氏合葬，并遗赠李贤为"章怀太子"。

章怀太子墓封土呈覆斗形，封土底部长、宽各43米，封土顶部长、宽各11米，高约18米。封土堆南面约50米还有残存的一对土阙，高4.5米，底部长、宽各5米。土阙南面有并列的一对石羊。四周原有围墙，南北长180米，东西宽143米，西、东、北三面的墙角还残留在地面。整个墓区约占地26000平方米。地宫由斜坡式的墓道、四个过洞、四个天井、六个小龛、前甬道、后甬道、前室和后室组成，全长71米。构筑坚固结实。

墓道呈28度的斜坡，水平长20米，宽2.5～3.3米。墓道东西两壁各有4组壁画，东壁为《出行图》、《客使图》、《仪仗图》和《青龙图》；西壁对称的是《马球图》、《客使图》、《仪仗图》和《白虎图》。

> **知识链接**
>
> 墓道中部东壁的《迎宾图》形象地再现了唐代官员接待外国使臣的场面。前面三个是热情的唐朝官员，后面三个是外国使臣。这幅壁画反映了唐王朝活跃的外交及唐王朝与中国其他少数民族友好往来的实况。前墓室西壁的《观鸟捕蝉图》描绘了宫女们的宫廷生活。画面上三个宫女，年长的似乎饱受了宫廷生活的煎熬，正若有所思，暗自叹息；另外两个则以观鸟和捕蝉来排除心中的烦闷。

过洞呈拱券形，长2.5～3.4米，宽2.2～2.4米，高2.8～3米。过洞共有10组壁画。

第一个天井在前甬道上，还没发掘。其余三个天井，东西长各3米，南北宽1.8～2米，深9～12米。六个小龛分布在第二到第四天井间的东西两壁，放置着三彩镇墓兽、三彩立俑、骑马俑、仪仗俑、陶立俑、陶马、彩绘陶器、绿釉花盆等。

前甬道在天井北面，长14米，宽1.7米，高2.1米，有一道已坏的木门。前墓室与后墓室之间有9米长的甬道，高、宽与前甬道相同。甬道南端有石门一道，右扇已被盗墓者破坏。前甬道东壁绘有壁画，画的是一个男侍，三个侍女。西壁绘有四个侍女。后甬道绘的是执花侍女图，后甬道口放置着雍王墓志铭。

前墓室略呈正方形，长、宽各4.5米，高6米，穹窿顶，绘有银河及日、月、星、辰。共有8组壁画，主要有《观鸟捕蝉图》、北壁西侧《侍女图》、东壁南侧《仕女图》等。后墓室也略呈方形，长、宽各5米，高6.5米，顶部日、月与部分星辰贴金。西壁的月亮与大部分星辰的贴金被盗墓人刮去，东

中国的陵墓

壁太阳和星辰贴金仍保留着。前、后墓室中日、月中分别绘有"金乌"、"玉兔捣药"、"桂树"和"蟾蜍"。前室日、月位置偏东南和西南，后室日在东部正中、月在西部偏西北角。甬道和墓室全是砖砌，方砖墁地。后室有庑殿式石椁一座，长4米，宽3米，高2米，由33块大石板组成。顶盖5块石板的最南一块已被盗墓者撬开，石椁东南角倚柱因而也向南壁倾斜。

▲捕观鸟蝉图

　　章怀太子墓的墓门、墓志和石椁上，都有精美的唐代线刻画。从墓道到后室，到处布满了壁画。全墓共有壁画50多幅，面积达400平方米，保存基本完好。其中《打马球图》、《狩猎出行图》、《迎宾图》、《观鸟捕蝉图》等都很精彩。画面布局严谨、人物形象生动、技法高超娴熟，充分显示了唐代高超的绘画水平，是唐代壁画中的珍品。

　　1971年至1972年，考古工作者对章怀太子墓进行发掘，出土了彩釉陶俑、彩绘陶器等随葬品600多件。制作精美，造型生动。其中，高一米以上的文臣、武士俑像制作尤其精美，有很高的艺术价值。

五 | 名墓掠影

唐懿德太子墓

　　唐懿德太子墓，是乾陵各陪葬墓中规模较大的一座坟墓，在乾陵东南隅，陕西省乾县县城西北的韩家堡。

　　懿德太子李重润，原名叫李重照。他出生于682年，是唐中宗李显的长子，也是中宗李显与韦皇后所生的唯一儿子，是唐高宗李治和武则天的孙

▲唐代懿德太子墓壁画《架鹰图》

子。李重润死的时候只有19岁。是什么原因让这位年轻人早早丧命呢？大足元年（701年）九月，邵王李重润与他妹妹永泰郡主李仙惠、魏王武延基，一同被武则天用杖刑处死，原因是他们三人私下议论："张易之兄弟何得恣之宫中？"公元705年，李显恢复帝位后，追封李重润为懿德太子。706年将懿德太子墓由洛阳迁葬到乾陵。

唐懿德太子墓在1971年发掘，气势比较宏大。地表有双层覆斗形封土，高17.92米，底部南北长56.7米，东西宽55米。周围有围墙，南面有土阙1对，阙南有石狮1对、石人2对、石华表1对等。地下结构全长100.8米，由斜坡墓道、6个过洞、7个天井、8个小龛、前后甬道和方形前后墓室组成，甬道和墓室都用砖砌。

墓内壁画比较完整，分别绘在墓道、过洞、天井、前后甬道和前后墓室墙壁上。据统计，全部壁画面积近400平方米，其中比较完整的约有40幅之多。题材有仪仗队、青龙、白虎、城墙、阙楼、乐伎、男仆、宫女等，显示出李重润的显赫地位和特殊身份。如仪仗队中，永泰公主有12戟，章怀太子有14戟，而李重润则有48戟，属帝王一级。仪仗队有196人，由步队、骑队和车队3个部分组成，阵容庞大，气势不凡。还有《架鹰图》、《侍女图》、《鹰犬畋猎图》、《阙楼图》、《仪仗图》、《列戟图》、《驯豹图》、《执扇宫女图》等，不但构图严谨，人物形象也非常鲜

> **知识链接**
>
> 懿德太子墓壁画题材丰富，是了解唐代皇室埋葬制度、宫廷生活的重要资料。壁画构图宏伟，技艺精湛，山水楼阁以青绿、朱赭等颜料进行重设色，取得了富丽强烈的效果，显示了唐初人物画、山水画、宫室画的时代风貌，对了解唐代壁画的绘制技法和艺术成就具有重要的价值。
>
> 该墓已被盗过，但仍出土文物1000余件，有太子哀册、三彩器和鎏金铜马饰、陶俑、三彩俑、陶器和金、铜、铁器，以及欧体阴刻玉质填金表册残片等。墓葬的形制、规模、随葬的玉哀册、贴金甲马骑俑、壁画中的列戟、三出阙，都是唐代墓葬中等级最高的。其中，欧体阴刻玉质填金哀册残片，十分珍贵，这是唐代雕塑艺术品中的上乘之作。

明。画中的楼阙，层次分明，结构鲜明，被建筑专家们称为精妙的建筑图，极为珍贵。

这些壁画琳琅满目，技巧娴熟，用色也是大胆多变，注重物象的主体感与明暗变化，既有浓彩重墨的绚丽，又有焦墨薄彩的轻淡。线条运用也很讲究，通过笔法的各种变化，营造出气势磅礴的宏伟场面，塑造出一个个精美的人物形象，可以说是初唐画坛具有代表性的绘画流派在墓葬壁画中留下的杰作。墓室犹如一个唐代地下绘画展馆，是唐墓壁画的一次重要发现。

墓道入口处两侧绘楼阁仪仗、青龙、白虎。楼阁城阙巍峨壮观。城内大批仪仗队作出城行进状，仪仗队包括车队、骑马仪仗队及步行仪仗队。据《旧唐书》、《唐六典》等书有关唐代仪卫制度的记载，结合壁画考证，确定为太子大朝《仪仗图》。

墓道北壁顶部墙面有一幅建筑画，与东、西壁的楼阁城墙是一组完整的唐代建筑图，这一题材在陕西省唐墓中为首次发现。第一过洞东、西壁绘驯豹图。第二过洞东、西壁绘有架鹰、架鹞男侍。第三过洞东、西壁各绘有内侍7人。第6过洞东、西壁绘有手抬大炭盆的侍女。第一天井东、西壁绘有大型戟架，东壁列戟12竿，西壁列戟13竿。第二天井东、西壁的大型戟架，都列戟12竿。据《唐六典》、《新唐书》有关列戟制度的记载，是属于帝王一级的仪仗制度。第三天井东、西壁绘有车及随从男侍。甬道东、西壁绘各种侍女，有的手捧包裹，有的手捧三足盘，有的手捧蜡烛台，表现了墓主人的宫廷生活。

甬道顶部平有团花、宝相花、海石榴等图案花纹。前墓室东壁红柱两侧各绘7个侍女，手中捧持烛台、盘、包裹、瓶、杯、团扇等日常生活用具。西壁相似。南壁门洞内侧各绘侍女2人。后墓室顶部绘银河和星辰，东、西侧绘有象征日、月的金乌、蟾蜍。东壁画柱两侧各绘出侍女9人，手持各种生活用具和乐器。北壁绘有侍女4人。《侍女图》色彩绚丽，画中人物姿态各异，真实地反映了唐代宫廷的日常生活。

现在已经在墓区建成博物馆，展出文物，开辟参与性旅游项目，供中外游人参观。

| 珍藏中国 | **中国的陵墓**

▲唐懿德太子李重润墓

永泰公主墓

▲永泰公主墓中墓道和壁画

永泰公主墓，在陕西省乾县县城北部，是乾陵的一座重要陪葬墓。永泰公主是谁呢？她名叫李仙蕙，是唐中宗李显的第七个女儿，唐高宗李治和武则天的孙女。684年出生，701年死在洛阳。她为什么这么年轻就死了？按照墓志铭记载，李仙蕙死于难产。但根据史书记载，她是因为议论武则天与张易之、张昌宗的丑事，被武则天"杖杀"的，也有说是赐白绫缢死的。唐中宗李显登皇帝位后，706年遗赠她为永泰公主，并把她与丈夫武延基合葬在乾陵东南部。

1960年至1962年，国家对永泰公主墓进行发掘清理。这是新中国成立以来发掘唐墓中最大的一座。永泰公主墓属封土堆墓，墓冢为覆斗形。墓穴是用砖砌的。墓前排列有石狮1对、石人2对、华表1对。墓道全长87.5米，宽3.9米，墓室深16.7米。永泰公主墓的地宫部分，由斜坡式墓道、5个过洞、6个天井、8个小龛、前甬道、后甬道、前室和后室等部分组成，全长87.5米。过洞相当于皇宫宫城的城门、殿门；前室和后室，相当于前朝后寝。整个地下建筑，完全仿照宫城的模式布局，象征着永泰公主生前居住的多宅院落。墓道两侧的石刻有巨大的青龙、白虎，还有身穿战袍、腰配贴金宝剑的武士组成的仪仗队。天井两侧的便房内，放着各种三彩俑群和陶瓷器皿等随葬品。

在永泰公主墓的地宫内，从墓道到墓室，到处都布满了壁画。可惜的

是，壁画多有剥落。但是，壁画中的宫女图等仍然具有较高的艺术价值。墓内的石门和石椁、墓志上，线刻画依旧十分清晰，这也是十分珍贵的唐代艺术品。

▲永泰公主墓宫女壁画

由于盗洞的出现，千余年来，总有雨水带着泥沙顺盗洞而下，使许多精美的壁画都遭到了破坏。然而，幸存的壁画仍然称得上是唐代绘画的精品。后墓室停放着永泰公主与丈夫合葬的庑殿式石椁，中间有门，两边各一名守门侍女。石椁内外都刻有线刻画，姿态生动，线条流畅，刻工熟练，十分精美。石椁内的木棺因为长期浸泡在淤泥中，早已腐烂。

永泰公主与懿德太子这两位短命的皇亲国戚，生前没能长享荣华富贵，死后有五彩缤纷的壁画、随葬品及仪仗陪伴左右，也算是一种安慰吧。

知识链接

永泰公主墓虽然被盗过，但仍出土了壁画、陶俑、木俑、三彩俑、金、玉、铜器等珍贵文物计1000多件。特别是三彩俑，造型精致、色彩鲜艳、文饰奇特，反映了唐代高度发展的陶瓷工艺水平。墓内壁画丰富多彩，墓道、过洞、甬道和墓室顶部都有壁画。前墓室象征客厅，壁画以衣着华丽服装的侍女为主。这些手中拿着各种生活用品的侍女，体态丰盈，神态各异，有的似乎在低声细语，有的似乎在点头赞许，有的则在环顾四周，她们仿佛正行进在路上，准备去侍奉主人。后墓室墓顶画有天象图：东边是象征太阳的三足金乌；西边是象征月亮的玉兔；中间是银河，满天星斗，颗颗在天体中都有固定的位置。这充分反映了当时高度发达的天文学水平。

杨贵妃墓

　　杨贵妃墓，是唐玄宗李隆基的贵妃杨玉环的墓，其实只是杨贵妃的衣冠冢，在陕西省咸阳市兴平县马嵬镇西500米处，距西安市60千米，是省级重点文物保护单位。

　　杨贵妃墓呈半球形状，冢高3米，整座墓冢都用青砖包砌。墓后有一座高约6米的杨贵妃的大理石塑像。墓前有一碑楼，上刻："唐玄宗贵妃杨氏墓"。历代文人曾留下了大量的关于唐明皇与杨贵妃的爱情故事，使杨贵妃墓闻名于世。墓冢周围雕刻有历代文人过客的题咏。据说每逢农历三月

▲杨贵妃像

初三，当地成群结队的姑娘们便来到这里游玩，临走时都要在贵妃墓上抓把黄土带走，回家后与面粉掺和，名曰"贵妃粉"，擦了以后可以使皮肤变白，容貌变得更美。这样年复一年，墓冢不断变小。为了保护这个已有1200年历史的遗迹，便用青砖把墓冢包了起来。

杨贵妃墓是个陵园，大门顶额横书"唐杨氏贵妃之墓"七字。进门正面是一座三间仿古式献殿，穿过献殿就是墓冢。墓高约3米，占地约1公亩。封土周围用青砖包砌。围绕墓的周围有三面回廊，上嵌大小不等的石碑，刻有历代名人游后的题咏。流传至今的小说、戏曲、绘画等也是数不胜数，比较著名的如《太真外传》、《长生殿》、《贵妃献发》、《贵妃醉酒》、《唐明皇》、《虢国夫人游春图》、《唐杨贵妃沐浴图》等。林则徐的一首诗为这一千古绝唱作了总结："六军何事往征骖，妾为君王死亦甘。抛得峨眉安将士，人间从此重生男。"

墓园现有门楼一座，献殿三间，东西两侧有碑廊十二间。保存有唐、宋以来历代名人题咏石刻38块。近年来，当地政府对贵妃墓进行了修葺，新修了围墙、碑廊、献殿和亭子，并在墓园后添立了一尊3米高的杨贵妃大理石雕

> **知识链接**
>
> 杨贵妃名叫玉环，陕西华阴人，通晓音乐，能歌善舞。杨玉环容貌极其美丽，是中国古代传说中的四大美女之一。她原来是唐玄宗第十八个儿子李瑁的王妃，后来被唐玄宗召入宫中，封为女官，号太真。天宝四年（745年），被册封为贵妃。唐代诗人白居易《长恨歌》中说"遂令天下父母心，不重生男重生女"。因为杨贵妃极受唐玄宗宠爱，她的堂兄杨国忠被封为宰相，操纵朝政，势倾天下，使得唐王朝政治腐败，国势逐渐衰落。天宝十四年，"安史之乱"爆发，京师危急，唐玄宗带着杨贵妃仓皇逃走，路经马嵬坡，以右彪武军大将军陈玄礼为首的随从将士，愤恨杨贵妃与她哥哥杨国忠乱国，杀死宰相杨国忠，并胁迫唐玄宗赐杨贵妃缢死，演绎了一幕震撼千古的悲剧。唐代诗人白居易在《长恨歌》中对此事件的生动细致描写是："九重城阙烟尘生，千乘万骑西南行。翠华摇摇行复止，西出都门百余里。六军不发无奈何，宛转蛾眉马前死。花钿委地无人收，翠翘金雀玉搔头。君王掩面救不得，回看血泪相和流。"杨贵妃死时38岁，死后就葬在马嵬坡。

像。杨贵妃雕像表情凝重,目光向着坡下,似乎在想着什么。

　　临潼骊山北麓的华清池,传说是杨贵妃"春寒赐浴华清池,温泉水滑洗凝脂"的遗迹。其中"贵妃池"更为著名,传说是杨贵妃的专用浴池,所以又称"妃子汤"。池侧有"凉发亭",传说是贵妃洗浴后凉发梳头的地方。这些名胜古迹,因为与古代四大美人之一杨贵妃有密切关系,吸引了不少中外游客,成为著名的旅游胜地。

▲杨贵妃墓

珍藏中国 中国的陵墓

圣人孔林

孔林也叫圣林，是孔子及其后裔的家族墓地，在山东省曲阜市城北1千米处，是全国重点文物保护单位。由于历代王朝对孔子的尊崇不断升级，墓地不断扩大，前后延续使用了约2500年，使孔林成为我国规模最大、持续年代最长、保存最完整的一处氏族墓葬群和人工园林，共计有孔氏子孙墓十余万座。就是帝王陵墓也难与它相比。

孔子死后，弟子们把他葬在鲁城北泗水之上，就是今天的孔林所在地。当时还是"墓而不坟"。秦汉时期，虽然将坟高筑，但仍只有少量的墓地和几家守林人。后来随着孔子地位的日益提高，孔林的规模越来越大。东汉桓帝永寿三年（157年），鲁相韩勅修孔墓，在墓前造神门一间，在东南又造斋宿一间，安排若干户人为孔墓洒扫。当时的孔林"地不过一顷"。

到南北朝高齐时，才植树600株。宋代宣和年间，又在孔子墓前修造石仪。元代设官守卫，至顺二年（1331年）开始修建林墙，构筑林门。明朝洪武、永乐年间，相继增扩，占地达到18顷，并建铺舍守卫。弘治、嘉靖年间，增修墓门、享殿、庐墓堂等建筑。清朝康熙二十三年（1684年），皇帝到孔林祭祀孔子墓时，批准孔尚任的请求，再扩地11多顷，使孔林面积达到29顷多。清朝雍正八年（1730年），耗银25200多两，重修

> **知识链接**
>
> 孔子，姓孔，名丘，字仲尼，排行第二，汉族，春秋时期鲁国人。公元前551年，出生在鲁国陬（zōu）邑昌平乡（今山东省曲阜市东南的南辛镇鲁源村）。孔子是我国古代历史上伟大的思想家和教育家，儒家学派的创始人，世界最著名的文化名人之一。生前曾长期开私塾讲学，删诗、书，定礼、乐，赞周易，修春秋。他的弟子有好几千人。孔子创立的儒家学派，对后世有重大的影响。孔子编撰、整理了我国第一部编年体史书《春秋》。孔子的言行思想主要记载在语录体散文集《论语》以及先秦和秦汉保存下来的《史记·孔子世家》中。公元前479年，孔子逝世，享年73岁。作为到现在还有着巨大影响的伟人，孔子被人们称为"圣人"是当之无愧的。

门枋、林墙。据记载，孔林先后增拓重修十六次，增植树株五次。

两千多年来，孔子后裔及孔氏家族多葬在这里，而且历代帝王又不断赐给祭田、墓田。孔林的面积不断扩大，到清代已经达到3000多亩，林墙周长7千多米。林内古木参天，有2万多株，而且树木四时不凋，是一处古老的人造园林。

孔林现有面积200万平方米，周围筑有高约3米、厚1.5米、长达7千多米的砖砌林墙。孔林内坟冢约有十多万座，都是孔子的子孙结冢而葬，直系子孙已葬到七十六代。从周朝到现在两千多年，一直没间断。作为一个家族墓地，年代久远，保存完整，在世界上也是罕见的。这对研究我国丧葬制度的

▲孔林内的明墓群

演变，探讨政治、经济、文化、风俗的变迁，都有很大的价值。1961年，孔子墓被国务院公布为第一批全国重点文物保护单位，1994年孔林又与孔庙、孔府一起列入了世界遗产名录。

向北出了曲阜城门，就见两行苍松翠柏，如龙如虬，夹道而立，这就是从曲阜古城通向孔林的孔林神道。道中巍然屹立着一座"万古长春"坊，

是孔林的主要建筑，在明万历二十二年（1594年）修建。这是一座六楹精雕的五间柱石坊，支撑石坊的6根石柱上，两面蹲踞着12个神态不同的石狮子。坊额刻"万古长春"四个大字，坊上刻浮雕盘龙，雕刻极为精美。坊两侧各有明朝嘉靖时的御碑亭一座，东侧亭内碑上刻"大成至圣先师神道"题字，清朝雍正年间又在坊上刻了"清雍正十年七月奉敕重修"的字样。西侧亭内碑上记载了重修阙里林庙一次花去黄金2万两的记事，可以看出明代帝王对孔庙、孔林有多么重视。

　　孔林神道长达1000米，大多是宋、元时代种植的。林道尽头为圣林坊，这是孔林的大门，被称作大林门，是一座三间四柱的木构坊门，坊额书"至

▲孔子墓

圣林"三字，很是雄伟壮观。坊前的林前村是过去守林人居住的地方。坊后面有红墙夹道，直通林内。

从至圣林往北走，是二林门，为一座城堡式的建筑，也叫"观楼"。四周筑墙，高4米，周长达7000余米。林墙内有一河，就是著名的圣水——洙水河。洙水桥北不远处为享殿，是祭孔时摆香坛的地方。殿前有翁仲、望柱、文豹和角端等石兽。《孔氏祖庭广记》中记载，孔子去世后，"弟子于冢前瓴甓为坛，方六尺"。东汉时换成石的，到唐代换成封禅石坛。现存享殿是明朝万历年间兴建、清朝雍正年间重修的，面宽五间，飞檐翘角，黄瓦朱甍，是孔林内最大的建筑。殿前松柏苍翠，遮天蔽日，砖砌甬道两侧，石雕翁仲、角端、玄豹、华表对列，形制古朴，是宋、明时代的旧物。

享殿后面正中大墓为孔子墓，是孔林的主墓。墓前有明朝正统八年（1443年）立的石碑，碑上篆刻"大成至圣文宣王墓"字样。东边是他儿子"泗水侯"孔鲤的墓；前面是他孙子"沂国述圣公"孔子思的墓。传说这种特殊墓穴布局称为"携子抱孙"。孔子墓东南有宋真宗、清圣祖（康熙）、清高宗（乾隆）驻跸亭三座。再往南是楷亭，亭旁枯树传说是子贡手植。《史记》载，孔子去世后，弟子们都结庐守墓，服丧三年，只有子贡思念情深，三年之后又独居三年。明朝嘉靖二年（1523年），御史陈凤梧在孔子墓西南建屋三间，并立了"子贡庐墓处"石碑作为纪念。

孔林中除孔子墓外，气派较大、墓饰规格也较高的，要数第七十二代孙孔宪培妻子的墓——于氏坊。这位于氏夫人原来是乾隆皇帝的女儿，传说她脸上有黑痣，算命先生说："主一生有灾，须嫁有福之人才可免去灾祸。"朝中议论，只有圣人后代最妥。由于清朝皇家不准满汉通婚，乾隆皇帝让女儿认协办大学士兼户部尚书于敏中为义父，改姓于后，嫁到孔家。于氏坊是为纪念于氏而立的。

在孔林东北隅、林路外侧，是清代戏剧家孔尚任的坟墓。他因著《桃花扇》一书而名盛一时。孔尚任也因此遭到清廷迫害，免官归家，终老在乡里。墓前石碑是清朝雍正十三年（1735年）立的，上题："奉直大夫户部广东清吏司员外东塘先生之墓"。新中国成立后进行了修葺，并在墓前植桃树，作为纪念。

中国的陵墓

屈原墓

　　屈原墓，是战国时期楚国伟大的爱国诗人屈原的墓，在湖南省汨罗市城北玉笥山东5千米处的汨罗山顶。关于汨罗山屈原墓，较早的记述是在唐代《元和郡县志》："左徒屈平墓在县（指原湘阴县）北七十一里。"唐代杜佑《通典》载："罗江有屈原冢，今有石碑，文为'楚放臣屈大夫之碑'，其余字灭。"清代乾隆版《湘阴县志》记载："汨罗山在县北七十里，汨罗江出其下，上有屈原墓。"其他府、县志的记叙大略相同。如今在汨罗山约2平方千米的山间，有屈原的12座疑冢，其中赵家冲后的一座最大，高6.5米，

▲屈原墓（衣冠冢）

▲屈原

底径30余米，墓前有清朝同治六年（1867年）立的石碑："故楚三闾大夫之墓"。其余11座都是清朝光绪二十八年（1902年）立的。1956年，屈原墓被定为湖南省省级文物保护单位。

屈原在20多岁就担任了"左徒"的职务，后来因为奸佞小人的谗言，被贬为"三闾大夫"。秦国大将白起攻破楚国郢都后，他与楚王"昔君与我成言兮，曰黄昏以为期"，在楚国南部进行"反秦复郢"的活动，后来因为奸臣当道，楚王不再信任他，撤去他"掌梦"的职务。楚国国势衰落，郢都"至今九年而不复"，复国已经无望。公元前278年，秦国大将白起挥兵南下，攻破了郢都。屈原在绝望和悲愤之下，怀抱大石投汨罗江，以死明志，呼唤国人抵御强秦。1953年，屈原逝世2230周年，世界和平理事会通过决议，确定屈原为当年纪念的世界四位文化名人之一。

你一定吃过粽子，那你知道中华民族吃粽子的习俗是怎么来的吗？传说，屈原在公元前278年农历五月初五投江后，江边的百姓纷纷划着各自的船只到屈原投江处，想抢救这位爱国诗人。渔夫们划着船只，在江上来回打捞。人们担心江中的鱼虾啃噬屈原，在划船前往营救他的同时，纷纷把自己包的粽子投向江中喂鱼虾。从这以后，就形成了端午节赛龙舟、吃粽子的习俗。

屈原这位杰出的爱国诗人，在2000多年的历史长河中，一直是中华民族尊崇、学习的榜样，他志存高远、忧国忧民、公正不阿、矢志不移，一直是人民怀念和歌颂的主题。唐朝王鲁复有诗道："万古汨罗深，骚人道不沉。明明唐日月，应见楚臣心。"屈原留下的不朽诗篇永远是中华民族的瑰宝。

岳阳有句俗话："九子不能葬父，一女打金头。"传说，屈原投汨罗江后十日才被打捞起来，不幸头部被大鱼咬去一半，他的女儿给他配上半个金头，安葬在汨罗山。这就是"一女打金头"的由来。不久，反对屈原的楚国贵族，借口掘墓鞭尸，想夺走金头。女儿听说后，就用罗裙兜土赶筑疑冢。她的精神感动了周围的百姓，大家鼎力相助，一夜之间就修起了像小山一样的11座疑冢，连原墓共12座，这就是现存的12疑冢。由于坟墓封土高大，取土的地方挖成了一口超过百亩大的水塘，后人称为"楚塘"。为纪念屈原的女儿，人们把汨罗山改名为"烈女岭"，把山下的小桥叫做"烈女桥"。

知识链接

屈原（公元前340-公元前278年），名平，字原，是战国时楚国丹阳（今湖北宜昌秭归县）人。他是中国文学史上一位伟大的爱国诗人，也是中国已知最早的著名诗人和伟大的政治家。他创立的"楚辞"这种文体，也开创了"香草美人"的传统。他的作品共有25篇，篇目为：《九歌》、《招魂》、《天问》、《离骚》、《九章》、《卜居》、《渔父》。其中《离骚》是屈原的代表作，也是中国最早的长篇抒情诗。

关陵

　　你一定知道关公吧？关陵，就是人们所说的关公也就是关羽的陵墓。全国现有三处关羽陵墓。一是关羽故里——山西解州衣冠冢，称为关庙；二是河南洛阳厚葬关羽首级处，称为关林；三是湖北当阳关陵，是埋葬关羽尸骸的地方，只有这一处是按皇帝陵寝定制的，有乾隆皇帝赐的"威震华夏"匾额。

　　千百年来，关羽忠义仁勇的形象已成为海内外华人广泛崇拜的偶像。特别是宋代以来，关羽不仅为民间百姓广为敬奉，还为儒家、佛家、历代帝王所极力推崇。据《佛祖统纪》记载，中国佛教早就把关羽封为神，叫伽蓝神。宋代，封关羽为武安王；明代，封为武圣人，还加封为大帝。到清代，关羽则是集神、圣、帝于一身，封为"忠义神武仁勇灵佑威显关圣大帝"。显然，作为武圣，关羽已与文圣孔子齐名；而作为大帝，他也就与皇帝同等了。历史上的这些关公热，在当阳的关陵中都得到了充分而深刻的反映。

▲关羽墓

《三国志》记载，东汉建安二十四年（219年），关羽带兵与孙权的吴国军队交战，失败后被吴军擒获斩杀，吴国君主孙权派人把关羽的首级运到洛阳送给曹操，同时以诸侯礼将关羽的尸骸葬在当阳。关羽便有了身首异地的两个陵墓。因此，民间流传关羽"头枕洛阳，身困当阳"的说法。

　　关陵原称"大王冢"，是蜀汉关羽尸骸葬地，是中国三大关庙之一，在湖北省当阳市区东北3千米处。关陵墓是东汉末年营建的，到现在已有1700多年的历史。孙权虽然公开宣称以诸侯之礼安葬关羽，实际上并没花多大力气营建坟陵，当初也不过是一个土丘而已。自隋唐以来，历代皇帝为关羽加封，使他成为"武圣人"直到"关帝"，关羽的陵园也随着扩大。南宋淳熙十年（1183年），襄阳太守王铢在关羽墓前修筑祭亭。明代成化三年（1467年）修建庙宇。陵园群体建筑落成，是在明朝嘉靖十五年（1536年），命名为"关陵"，一直沿用到现在。关陵后来曾多次被修缮，但仍保留着明代的建筑风格。陵园面临沮水，四望平旷，陵内古木参天，景色幽深美丽。再加上三国故事脍炙人口，关公品德世人景仰，所以常有海内外旅游者结伴而来，拜谒凭吊。

　　关陵占地面积为4.5万平方米。关陵建筑群以宫墙相连，全是红砖黄瓦，富丽堂皇。采用中轴对称式帝陵规制，陵园中轴线上，由前而后依此排列着神道碑亭、华表、石坊、三元门、马殿、拜殿、正殿、寝殿、陵墓。两侧分设八角亭、春秋阁、碑廊等。正殿为主体建筑，前檐悬挂着"威震华夏"金匾，殿内供奉着关羽父子和副将周仓的大型塑像，造型生动，威风凛凛，气概不凡。寝殿内有台湾同胞捐资铸塑的关公铜像，高3.6米，重800千克。在寝殿后，是陵冢茔地区域。陵冢高7米，周长70余米，周围用石墙、石栏环抱，石雕栏杆上刻有"巨龙如海"等图案。陵冢前面有碑亭和供案。墓碑上书"汉寿亭侯墓"，是明朝万历四年（1576年）立的。2006年5月25日，关陵作为三国时期古墓葬，被国务院批准列为第六批全国重点文物保护单位。

　　关林，传说是埋葬关羽首级的地方，在河南省洛阳市老城南7千米的关林镇。关林北依隋唐故城，南临龙门石窟，西接洛龙大道，东傍伊水清流，为海内外三大关庙之一，是我国唯一的"冢、庙、林"三祀合一的古代经典建筑群。

五 名墓掠影

传说，孙权杀了关羽后，把他的尸体葬在湖北当阳，把首级送给了曹操，一是想转移刘备的仇恨目标、嫁祸给曹操，二是想试探曹操如何对待这位对他有不杀之恩的老友。曹操听说孙权以诸侯礼把关羽尸身葬在当阳，就

▲关公铜像

珍藏中国 **中国的陵墓**

提高规格以王侯礼把关羽的首级安葬在洛阳。

一千七百多年来，关林因为厚葬着关羽首级而名闻天下。这里峻宇连甍，古柏森然，淄素入庙，视为严宫，形成了浓厚的关公文化氛围。自从明朝万历二十四年（1596年）开始建庙植柏，清朝乾隆时加以扩建，如今已占地百亩，拥有殿宇廊庑150余间，古碑刻70余方，石坊4座，大小狮子110多个，古柏800余株。

▲关羽墓

关林是一处保存完整的古建筑群，主要建筑都在中轴线上。按照帝王陵的前为祭祀建筑区、后为林冢的规制，前面是大型建筑群，主要建筑有舞楼、大门、仪门、甬道、拜殿、大殿、二殿、三殿、石坊、八角亭；最后是关冢。主体建筑上的龙首，是中原建筑中最多的。在康熙年代建的奉敕碑亭，结构端庄，八角亭彩饰华繁、木雕精美，全为木榫勾结，反映了古代建筑工匠惊人的创造力。

大殿在明朝万历二十四年兴建，面阔七间，进深三间，高26米。庑殿顶，琉璃瓦覆盖，五脊横立，六兽扬威。正门上，有12幅明代浮雕木刻，说的是桃园三结义、三英战吕布等故事。二殿为五开间，庑殿式，门上悬挂着"光昭日月"匾额，是清朝光绪帝御题。殿中间是关羽怒视东吴的塑像，左侧站着手棒大印的关平，右侧站着手持大刀的周仓。二殿左右各建有一座硬山式的陪殿，左为张候殿，右为五虎殿。三殿为硬山式，面阔五间，规模较小，内塑关羽夜读春秋像、关羽出行图和睡像，所以又叫寝殿。石坊宽10米，高6米，三门道。正额题"汉寿亭侯墓"五个字，坊上多是歌颂关羽的题联。

关羽的头冢在陵园的后部，冢高19米多，用砖石围砌。冢前有一座在清朝康熙五年（1666年）建的八角碑亭，构筑奇巧，别具一格。亭内有石碑一通，高4.8米，碑头雕龙，额题"勒封碑记"四个字。碑的正面书题"忠义神武灵佑仁勇威显关圣大帝林"，是历代帝王对关羽的最高封号。八角碑亭前是三间四柱的冲天牌坊，上书"汉寿亭侯墓"的匾额，这是曹操当权时正式以汉帝名义对关羽的封号。

知识链接

关羽，字云长，河东解州（今山西省运城市）人，三国时蜀汉五虎将的头一位，历史上称为"万人敌"。东汉末年亡命涿郡，与刘备、张飞三人在桃园结义，跟随刘备起兵，对抗专权的汉丞相曹操，屡立战功。建安五年（200年），刘备被曹操打败，关羽被俘后，极受曹操优礼相待，封他为汉寿亭侯，但他后来仍然坚持回到刘备手下。建安十九年镇守荆州，二十四年在樊城围攻曹操部将曹仁，又大破于禁率领的七军。因后方空虚，不久孙权派人乘机夺取了荆州，关羽败走麦城（今湖北当阳东），被擒杀。由于他的忠义，后代人们十分推崇，宋代以后，他的事迹逐渐被封建统治者和社会各阶层渲染神化，尊封为"关公"、"关圣"、"关帝"，与孔子齐名，并称为文武二圣。后来还把他的义气与信用扩展到经商的范围，称作武财神。关羽一生忠义绝伦，勇猛无比。死后，后主刘禅追谥他为壮缪侯。

岳飞墓

你听过岳母刺字"精忠报国"的故事吗？知道岳飞吗？学过他的《满江红》吗？

岳飞墓，也叫岳坟，明朝景泰年间改称"忠烈庙"，是南宋抗金将领岳飞的长眠之地。岳飞墓在杭州城的西北部风景秀丽的西子湖畔，栖霞岭南麓，背枕青山，面临西湖。这一古朴雄伟、庄严肃穆的建筑群，建在南宋嘉定十四年（1221年），经历了元、明、清、民国，时兴时废，代代相传，一直保存到现在。现存建筑是在清朝康熙五十四年（1715年）重建的，1918年曾大修，1979年按南宋建筑风格全面整修，使它更加庄严肃穆。

岳飞墓墓前建有墓门，墓门前的照壁上嵌有洪珠书写的"精忠报国"四个大字。进墓园门，两侧是碑廊，陈列历代石碑125块。北面碑廊陈列的是岳飞诗词、奏札等手迹；南面碑廊是历代修庙的记录以及历代名人凭吊题咏的碑记。庭园中间有一座石桥，名叫精忠桥。过了精忠桥是墓阙，造型古朴，

▲岳飞墓

是1978年重修时按南宋的建筑风格造的。墓阙边上有一口井，名叫忠泉。

进墓阙重门就是岳飞墓园。墓道两侧有石马、石虎、石羊各一对。位于正中的岳飞墓坐西朝东，用石块围砌。墓碑上刻着"宋岳鄂王墓"。左边是岳云墓，墓碑上刻着"宋继忠侯岳云墓"。岳飞墓、岳云墓都保持宋代的式样。墓前一对望柱上刻有对联："正邪自古同冰炭，毁誉于今判伪真"。墓阙后面，两侧分列秦桧等四个人的铸铁跪像，供人唾骂，遗臭万年。墓阙后重门旁有一副对联："青山有幸埋忠骨，白铁无辜铸奸臣"。墓园一侧，另有一组庭园，现已辟成岳飞纪念馆，供游人瞻仰。

传说，为了激励岳飞抗击金兵，岳飞的母亲亲手在儿子背上刺了"精忠报国"四个大字。在我国民间，岳飞英勇抗金的故事，一直都广为流传。岳家军英勇善战，不断给金兵以沉重打击。为了铺平夺取大宋江山的道路，金人勾结秦桧谋害岳飞。秦桧等人诬陷岳飞反叛朝廷，南宋绍兴十一年十二月二十九日（1142年1月28日），以宋高宗、秦桧为首的投降派，以"莫须有"的罪名，把岳飞杀害在临安大理寺狱中，终年39岁。遇害前，他在供状上写下"天日昭昭，天日昭昭"八个大字。

岳飞坚决抵制侵略，时刻捍卫人民的利益，反而遭到诬陷迫害，引起南宋爱国军民的强烈不满，也赢得了人民的深切同情。传说当时有位叫隗顺的

▲秦桧夫妇跪像

珍藏中国 中国的陵墓

▲ "精忠报国"照壁

狱卒，非常敬佩岳飞的为人和精忠报国精神，十分同情岳飞的不幸遭遇，他冒着生命危险，连夜将岳飞的遗体偷偷背出钱塘门外，草草埋葬。绍兴三十二年（1162年）六月，宋孝宗继位。为了平定军民的不满情绪，笼络民心，宋孝宗在七月份下诏为岳飞平反诏雪，恢复岳飞生前的官名，并访求岳飞遗体，将他的遗骸改葬在栖霞岭南麓现在的地址，并建岳飞庙。乾道六年（1171年），宋孝宗赐岳飞庙名为忠烈庙。淳熙六年（1180年），谥号武穆。嘉泰四年（1204年），宋宁宗追封高宗时的抗金诸将为七王，岳飞被封为鄂王。宋理宗宝庆元年（1225年），定谥号为忠武。

八百多年来，岳飞墓一直是人民凭吊纪念和瞻仰岳飞的场所。1961年，岳飞墓被列为国家级重点文物保护单位。今天，岳飞墓更是一个爱国主义教育基地。1995年被定为浙江省爱国主义教育基地，1996年被国家文物局、国家教委、文化部等六部门列为百家"全国中小学生爱国主义教育基地"之一。

知识链接

岳飞（1103-1142年），字鹏举，汉族人。出生在河北西路相州汤阴县永和乡孝悌里（今河南省安阳市汤阴县菜园镇程岗村）。他是著名军事家、抗金名将，南宋的"中兴四将"（岳飞、韩世忠、张俊、刘光世）之一。

他写的《满江红》气盖山河："怒发冲冠，凭栏处，潇潇雨歇。抬望眼，仰天长啸，壮怀激烈。三十功名尘与土，八千里路云和月。莫等闲，白了少年头，空悲切！靖康耻，犹未雪；臣子恨，何时灭？驾长车，踏破贺兰山缺。壮志饥餐胡虏肉，笑谈渴饮匈奴血。待从头，收拾旧山河，朝天阙！"

郑成功墓

▲ 郑成功碑林

郑成功墓,在福建省南安市水头镇康店乡覆船山麓,是国家重点文物保护单位。

郑成功墓占地面积998平方米,砖圹多室,家族合葬。外观为三合土拌糖水灰构筑。墓坐东朝西,平面呈风字形,列3排,分9室,第二排中室是郑成功的墓穴。墓室前另有一个小室,称"墓志铭厅",里面放置郑经书写的《石井乐斋郑公暨妣郭氏墓志》、郑克塽书写的《郑延平王衬葬祖父墓志铭》。墓碑、墓道都用花岗石雕砌而成,墓碑高75厘米,长15.8厘米,呈"山"字形。墓碑阴刻"明石井乐斋郑公、淑慎郭氏、乔梓五世孙、六世孙、七世孙茔域"。坟前设供案。墓前还有石华表1对,高14米,相距15米,呈八角形,直径为52厘米,顶端雕坐狮,保存完好。墓埕铺石板,石望柱分立左右,柱顶雕坐狮,还有竖立的夹杆石板9对,排成左五右四,备立旗杆时

中国的陵墓

▲ 郑成功纪念馆

使用。其中一板刻"戊子年解元"。

1929年曾在墓内发现郑成功佩戴的龙纹及鸟纹玉带17块，分别为大、中、小长方形和圆桃形状，同时出土的还有头发、龙袍残片、布靴面等珍贵文物。

1962年2月1日，为纪念郑成功收复台湾300周年，修葺墓体，在墓前加砌花岗岩台阶，右侧增建凉亭，并竖立了《重建民族英雄郑成功陵墓碑记》。1961年，福建省人民委员会公布为第一批省级文物保护单位。1982年，国务院公布为第二批全国重点文物保护单位。1982年，整修墓庭、台阶，建山门，筑围墙，在墓前两侧增建石构憩亭各1座。1989年建保管所，负责保护管理。

知识链接

郑成功（1624-1662年），名森，字明俨，号大木，南安县石井人，青少年时在晋江安海读书。郑成功是明末清初反抗荷兰侵略者、收复和开发台湾的民族英雄。永历十五年（1661年）四月，领兵东渡，在台湾人民的支援下，打败荷兰侵略者，十二月十三日迫使荷兰侵略者在投降书上签字，台湾回归祖国，在列强东侵的艰难时代，大长了中华民族志气。同时，他为开发建设台湾呕心沥血。永历十六年五月初八病逝在台湾承天府，葬在台南州仔尾。清朝康熙三十八年（1699年），台湾与清朝版图划一。经康熙帝御批，由郑成功的孙子郑克爽把郑成功迁葬回福建南安原籍的郑氏祖茔，一同迁葬的有郑成功的儿子郑经。康熙皇帝赐挽联："四镇多贰心，两岛屯师，敢向东南争半壁；诸王无寸土，一隅抗志，方知海外有孤忠。"

六 墓群概观

珍藏中国 **中国的陵墓**

辽阳汉魏壁画墓群

辽阳汉魏壁画墓群，是我国东汉魏晋时期的石室壁画墓群，是东汉魏晋时期的重要文化遗迹，分布在辽宁省辽阳市北郊太子河两岸。这些墓原来都有高大的封土堆，墓室由淡青色石板构筑，墓内都有壁画，都是直接绘在墓室石壁上。这些壁画始于1700年前的汉末三国时期，比敦煌壁画还要早300年，是第一批公布的全国重点文物保护单位。

汉末三国时期，诸侯割据，社会动荡。当时公孙氏割据下的辽东郡相对稳定，公孙氏的子孙统治五十多年，经济、文化发展较快，丧葬风气盛行，留下了大量的壁画墓群。其中一批大型多室墓，大多属于辽东大族公孙氏几个世系人物的墓葬。

辽阳汉魏壁画墓群最早是在20世纪初发现的。20世纪30年代，就引起国内外专家学者的极大关注。抗日战争时期，日本人曾作过调查。20世纪50年代，对部分墓葬进行了清理发掘。1961年，中华人民共和国国务院公布为全国重点文物保护单位。这个墓群的壁画，反映了辽东地区的经济文化发展状

知识链接

"家居宴饮图"，堂上朱幕高悬，夫妇对坐宴饮，短几横陈，杯盘前列，三五个奴婢打扇、传食，服侍在左右，生动逼真地表现出豪门大家宴饮生活的场面。大青堆子墓的"骑吏仪仗图"最能反映出权贵们车骑出行的豪华场面。全队人员172名，马127匹，车10辆。那种连骑结队、横冲直撞、路断行人的显赫气势，俨然一幅帝王出行的卤簿图。

"庖厨图"有繁有简。最繁的一幅画面上有23人在为主人准备饮食，食物中有十多种山珍海味。绘有宰猪、锥牛、解兽、褪鸭、切肉、炙燔、舂粮、沥汁、汲水、添薪、涤器等一系列繁忙劳作，如实地再现了汉晋时代社会生活的一些细节。棒台子墓的车骑仪仗图，全队有175人，127匹马，10辆车，场面宏大。壁画直接描绘在石板上，采用墨线勾勒后，平涂朱色。

壁画中最令人叫绝的是"舞乐杂技图"。它分左右两幅，共有49人登场，在咚咚鼓声和管弦乐队的演奏中，杂技艺人载歌载舞，各献绝技，节目惊险动人，有声有色，充分表现出我国古代杂技的卓越成就。

六 | 墓群概观

▲ 辽阳汉魏壁画墓群的车骑壁画

况，有着重要的史料价值；壁画自身的艺术价值，也丰富了东汉晚期到魏晋时期的绘画艺术史。

辽阳汉魏壁画墓群由九座墓葬构成，它们都在辽阳城北郊，分别是：北园一号墓、棒台子墓、南台子墓、东台子墓、三道壕一号墓、三道壕二号墓、三道壕令之令墓、三道壕车骑墓、小青堆子墓。到现在共发现20多座，其中颇负盛名的壁画墓，一是东汉晚期的北园墓，二是汉魏之际的大青堆子墓，三是魏晋之际的三道壕车骑墓。还有属西晋的三道壕东一、二号墓，属东晋的上王家墓。

这些壁画墓都是大、中型石椁墓，地表原来都有高大的方锥形堆土。墓室一般低于地表面，为平顶多室，用淡青色岩石板构筑，白灰勾缝，平面略呈方形或丁字形、工字形。分大、小墓两种类型，大型墓由前室、后室、回廊、左右耳室和数目不等的棺室组成，平面呈亚字形或方形，长宽都在7～8米左右。小型墓由前后室和左右耳室组成，平面呈"工"字形或"丁"字形，长宽一般在4～5米左右。这些墓群一般由墓门、前室、棺室、前廊、左右耳室组成，棺室2～6个不等，棺室间石板上有窗式空洞。墓门设在前廊前壁正中，用石板封堵。各墓大多是夫妻合葬和家族多人合葬。东汉墓设石棺，左右耳室大小相当；魏晋墓设尸床，左右耳室大小不同。

随葬器物有井、灶、罐、盘、楼等陶明器，铜带勾、铜镜、金指环、银顶针、铁剪刀、骨簪、骨尺等生活用具以及半两、五铢、货泉等铜钱。

壁画直接绘在墓内石壁上，墓门两侧、前廊、耳室及墓室顶部都绘有壁画。既有几壁相连的大作，也有独立成幅的小品。壁画内容丰富，色彩鲜艳，表现墓主的经历和生活的题材为主，内容有门卒门犬、百戏乐舞、车骑仪仗、宴饮庖厨、楼阁宅院、武库仓廪、杂技、斗鸡等，墓室顶部多绘有日月流云等等，形象地反映了汉晋时代豪门大族的奢侈生活场景。

1961年后，辽宁省文物部门对墓群进行多次复查，并采取复原措施，划定保护范围，成立文物保护组织，采取科学方法对壁画进行保护。

中国的陵墓

洞沟古墓群

集安洞沟古墓群，分布在吉林省集安市洞沟河畔及附近山麓、河谷和平川。这里有老岭山脉自东北向西南贯穿全境，而且河流纵横，景色宜人，素有东北"小江南"的美称。墓葬达1万多座，现存较完好的就有7160座。这些古墓群分布的范围极广，绵延几十里，加之墓类繁多，内涵博大精深，不愧是我国少数民族地区古墓群之冠。墓群逐渐闻名于世，是因清朝光绪初年好太王碑的发现。

▲ 洞沟古墓群

六 墓群概观

▲ 好太王碑亭

洞沟古墓群按照构筑用材和形式的不同，大体可分作石墓和土墓两类。

石墓年代较早，有积石墓、方坛积石墓、方坛阶梯积石墓、方坛阶梯石墓。积石墓约出现在高句丽建国以前，沿用时间较长，保存下来的有1700多座，约占整个古墓的四分之一。在整个墓群中，最为雄伟壮观的，就是4世纪中叶高句丽的王陵以及显臣的墓，它们都是方坛阶梯积石墓，现存有400座。这种墓相当宏伟，四周有倚护加固的巨大护坟石，修砌工整，施工精细，但数量并不多，有的坟垄上还发现有瓦砾、瓦当和铭文砖。其中驰名的有故国壤王陵"千秋墓"、"太王陵"和长寿王陵"将军坟"等。

> **知识链接**
>
> 已发现的壁画古墓近20座，其中重要的有角觚墓、舞踊墓、马槽墓、麻线沟1号墓、三室墓、万宝汀1368号墓、禹山下41号墓、山城下332号墓、环纹墓、四神墓、五盔坟4号和5号墓等，多属封土石室墓。阶坛石室墓只在禹山下1041号墓中发现壁画，在折天井墓墓室中发现过壁画残迹。4—5世纪的前期壁画都绘在墓室的石灰壁上，主要描绘高句丽社会风俗和贵族生活。6世纪以后的壁画以青龙、白虎、朱雀、玄武四神为主题，个别壁画还运用鎏金铜饰和绿松石点缀，表现了富丽豪华、金碧辉煌的艺术追求。

219

土墓年代较晚,墓室用石材砌筑,外封黄土,大致出现在4世纪,到5世纪以后成为高句丽墓葬的主流。土墓有封土石室墓和封土洞室墓两种。封土石室墓多有截尖方锥形的丰隆封土和筑有藻井的宽敞墓室,个别封土基部还有石砌的方坛或阶坛;封土洞室墓构筑简单,设有藻井,年代稍晚。

墓葬规模相差悬殊,太王陵、千秋墓、临江墓、西大墓等石墓周长均在200米以上;土墓一般稍小,但个别如五盔坟2号墓,周长也可达200米。不同形制、不同规模的墓葬,分别反映着不同时期、不同阶层的墓葬特点。

千秋墓是石墓之最,它边长85米,现高15米,占地约10亩,石墓虽已坍塌,但仍可见许多的字砖残段,如"千秋万岁永固"等。千秋墓是高句丽最大的王陵。太王陵在集安市区东5千米,是高句丽第十九代永乐太王谈德的陵寝。坟墓使用大量石条、石块和砾石构筑,呈截尖方锥式阶坛形,各边都有5～6块倚护的巨石。共计16级阶坛,基坛每边长65米,用材硕大,积累颇高,琢工讲究,筑造坚固;自第二级往上,阶坛低矮。墓室构筑在第16级阶坛宽阔平台的中央。墓室中构筑有精致石椁,石椁中有两铺棺床。太王陵谈德是高句丽历史上最强盛时期的统治者,陵墓宏大,与历史背景相符。谈德的陵寝太王陵是高句丽坟墓中营造工程最大的一座。墓顶曾出土灰色莲瓣纹瓦当和印有"愿太王陵安如山固如岳"的文字砖,可知当年墓上还有享殿一类的建筑。

将军坟是古墓群中保存最为完好的方坛阶梯石墓,构筑严谨精良,是一座雄伟的高句丽王陵,是被世人誉为"东方金字塔"的古代高句丽石造建筑的典范。将军坟在集安市区东7千米的龙山山麓。边长31.58米,高12.4米,共7级,用经过精雕细磨的1100多块巨型花岗岩石条堆垒砌筑而成,呈截尖方锥体。每面有3块倚护的巨石。在第五级中部,有早年打开的甬道,可通墓室。墓室长宽各5米,高5.5米,内有长方形石棺座两组,顶部用整块的巨石覆盖。墓顶上堆积有灰色莲纹瓦当、灰色瓦砾和铁链,四周石条边缘凿有排列整齐的柱眼,说明当年有享殿一类的亭榭。后侧有陪葬墓,是建筑在石砌基坛上的石棚。

洞沟墓群在东北亚历史上占有重要地位,是高句丽文化遗产最丰富的宝库。1961年,中华人民共和国国务院公布为全国重点文物保护单位。

六顶山古墓群

六顶山古墓群,是古渤海时期重要文化遗存之一,在吉林省敦化市区以南5千米处的六顶山旅游区,是国家级重点文物保护单位。在六顶山上从北向南看,东西走向、连绵起伏的六座山峰呈一字排列,像一道屏风矗立在田野上,主峰南坡有个向阳避风的山坳,这里就是古墓群的所在。古墓群依山北凹而葬,取山地灵气,墓区绿树环绕、青草芳茂,在一派肃穆中给人一种历史的沉重感。

▲六顶山古墓群遗址

六顶山古墓群有两个墓区，共有大小石室墓、石棺墓100多座。第一墓区在西侧，有墓葬30多座，封土较高。墓群中尤其以贞惠公主墓最为著名。第二墓区在东侧，有墓葬50多座，封土略低平。墓葬有土坑墓、石室墓和石棺墓，后两种墓是用条石或块石砌筑。石室墓的墓室一般平面呈方形或长方形，门朝南面，墓室前有甬道和墓道。大型墓葬封土上常见板瓦、筒瓦、瓦当等，证实了靺鞨人有"冢上作屋"习俗的记载。东侧墓区是个很规整的椅子形山坳。前面不远，有个不高的平岗，像一个书案。它的西边矗立着一座尖形的小山，风水家说："宰相笔，案头出。"

> **知识链接**
>
> 贞惠公主墓中发掘出珍贵的墓碑一方，雄雌石狮各一尊，海流鎏金圆帽等文物。墓碑呈圭形，通高90厘米，宽49厘米，厚29厘米。碑文正面为汉字楷书，共计725个字，大部分可以清晰辨认。碑文中说："大兴宝历孝感……法王（渤海第三代王大钦茂第二女也）。生于深宫、绰质绝伦、温如昆峰之片玉……早受女师之教每慕曹家之风。"墓碑的文体是唐代流行的骈体文字，字型清奇、笔法流畅、文采绮丽，在书法和文词方面都堪称稀世珍品。墓中石狮造型雄浑生动，一派唐风，反映了那段时期吸收汉民族文化后的渤海文明。

贞惠公主是渤海国第三代王文王大钦茂的次女，出生在737年，死于777年，终年40岁。去世后曾停柩待葬3年，于780年正式下葬在"珍陵之西原"，就是现在的敦化市六顶山上渤海王室贵族坟茔地内。贞惠公主墓位于第一墓区中央，陵墓为大型石室封土墓，土堆高1.5米。墓室平面方形，南北长2.8～2.94米，东西宽2.66～2.84米，高2.68米。四壁用大小不等的石条相间错列，逐层平砌，自下而上微向内收，表面涂有白灰。墓顶作三重抹角叠涩藻井，上盖石板。室底铺一块巨大平整的石板作为棺床。南部有石砌甬道，墓道呈斜坡式，是用砖石铺成的。

现为国家级重点文物保护单位的六顶山古墓群，是六顶山旅游区的一个重要考古专项旅游项目，具有极高的历史和现实意义。其中公主墓及迁移时遗留下的24块石等遗迹，对研究渤海历史文化具有较高的考古研究价值。

龙头山古墓群

龙头山古墓群，是我国唐代渤海国（698-926年）王室贵族的墓地，在吉林省和龙县龙海村西北1.5千米龙头山的东坡。1988年中华人民共和国国务院公布为全国重点文物保护单位。

龙头山古墓群墓区范围约长200米，宽100米，已查明古墓10座。墓室多以石块和大石板修筑，封土上散布有砖瓦，可知上面原来应有建筑物。1980年发现并发掘了渤海贞孝公主墓，是我国唐代渤海第三代王大钦茂第四女贞孝公主夫妇的合葬墓。贞孝公主葬于大兴五十六年（792年）。墓建在龙头山东坡，由墓室、甬道、墓门、墓道及墓塔等构成，南北长15米，东西宽7米。地面现存方形砖砌墓塔残基。墓室平面呈长方形，南北长3.1米，东西宽2.1米，高1.9米。墓室底铺方砖，四壁用青砖砌筑，用石板封顶。室内有砖筑棺床，前置石板门。墓道后段为斜坡式，前段为5级台阶。墓塔修筑在墓室正上方，砖砌塔基近方形，南北长5.65米，东西宽5.50米。正中是平面方形的空心塔，南北长2.7米，东西宽2.6米。

甬道后部东西两壁各绘一名头戴兜鍪（dōu ào 作战时戴的盔）、身穿铠甲的武士。墓室东、西、北3壁绘侍从、乐伎等10人，头戴幞头（fú tóu 一种包头的软巾）或系抹额（也叫额带，束在额前的巾饰），身穿圆领长袍，腰系皮带，脚穿靴或麻鞋，手持乐器等物。人物都以细线起稿，敷染朱、红、赭、青、绿、白等色，最后用墨线定稿。笔触工谨，形象丰腴，作风与盛唐时期的相似。

墓中出土有贞孝公主墓碑一通，另有陶俑、陶器残片、鎏金铜饰等。墓碑通高为105厘米，宽为58厘米，厚为26厘米。阴刻汉字楷书，共18行，728个字。据记载，贞孝公主是渤海国第三代王大钦茂的第四女，死于大兴五十六年（792年）。墓中骨骸为一男一女，推知应当为公主与驸马的合葬墓。碑文明确记载公主"陪葬于染谷之西原"，说明这一带应有渤海土族的陵墓。1981年文物部门在贞孝公主墓上建造房舍，并对壁画作了化学封护。

中国的陵墓

贞孝公主墓的发掘及墓碑的发现,是对渤海国考古最大的收获之一。

▲唐代渤海王室贵族出行情景

六　墓群概观

阿斯塔那古墓群

你可能以为,古代社会那么不平等,肯定不会在同一个地方埋葬达官贵族和平民百姓吧?不过还真有这样的情况。阿斯塔那古墓群就是这样的特例。

阿斯塔那古墓群,是古代高昌王国城乡官民的公共墓地,是一座庞大的古墓群,被称作地下历史博物馆。古墓群距吐鲁番市区约40千米,在火焰山之南,高昌故城以北约2千米的地方。1985年列为国家重点文物保护单位。

阿斯塔那古墓群东西长5千米,南北宽2千米。墓葬按家族种姓分区埋葬,以天然砾石为界,区域分明。墓葬形制是以一个家族的习俗来营造自己的墓地。在墓区处处可见井然有序、界线分明的一个个茔院。区内是一个父系大家族的墓园,按照祖、父、子、孙辈份大小,依次进行排列,非

▲阿斯塔那古墓墓室入口

常正规。墓葬都是土洞墓，以姓氏为家族的墓葬结构，同河西走廊以至中原墓葬有许多相似之处。

阿斯塔那古墓群，以葬汉人为主，同时葬有突厥、匈奴、高车以及昭武九姓等少数民族居民，这说明当时高昌王国的主体民族是汉族，而且各民族之间是平等的。这个古墓群是当年高昌故城居民寻求死后安乐的幽静地点，在方圆10多千米的戈壁沙丘之中，堆积着密密麻麻的古冢。既有达官贵族、威武将军，也有平民百姓、下层兵士。因而又被当今学者称为"高昌的历史活档案"，是"吐鲁番地区的地下博物馆"。

阿斯塔那古墓的形制是斜坡墓道洞室墓。古墓平面形状像个"甲"字。墓室前方，是一条10多米长的斜坡墓道，墓道尽头就是墓室，是死者安息的地方。墓室一般高为2米以上，4米见方大小，平顶或穹隆形顶。死者多安放在洞室后部的土炕或简易木床上，他们头枕鸡鸣枕，面部掩巾，眼上盖"瞑目"，双手握木，身穿棉麻或绢锦织品制作的衣服。死者四周，或陈放模拟的亭台楼阁、车马仪仗、琴棋笔墨，或陈放葡萄、瓜果、饺子、面饼等食品，供死者阴间驱使或享用。有的墓室后壁，绘有人物、鸟禽、花卉、山水壁画，形象逼真，线条流畅。

在阿斯塔那古墓的发掘过程中，出土了许多重要的文物。从20世纪50年代到现在，国家在这里先后有计划地进行过14次考古发掘，共清理墓葬456座，出土各种珍贵文物达数万件有余。古墓中出土了2700多件各种古代文书、墓志、绘画、泥俑、陶、木、金、石等器物以及古钱币和丝、棉、毛织物等珍贵文物上万件，著名的有共命鸟纹刺绣、伏羲女娲图、壁画等。这里出土的木乃伊，完全可以与埃及木乃伊相媲美。这些出土文物具有重要的史料价值。

八岭山古墓群

八岭山古墓群,是楚国墓葬和明代藩王墓葬,在湖北省荆州市荆州古城西8千米的八岭山上,为全国重点文物保护单位。山上有平头冢、换帽台、落帽台、马跑泉等名胜古迹。八岭山现为国家森林公园,山上乔木参天,茶海松涛,烟云笼罩,兼有雄、奇、幽、深的优点,所以有"不到八岭山,不算到荆州"的说法。

八岭山古墓群的延续年代,上到东周时期,下到明、清两代,前后有两千年。古墓群南北长8千米,东西宽5千米,总面积40多平方千米。山中古墓葬密集,到现在封土堆还存有特大型、大型及中型古墓560多座,其中以楚墓居多,明藩王墓第二。不少墓冢雄踞山头,宛若山峰,构成了八岭山的壮观奇景。史载楚庄王墓在山中,前后陪葬有数十冢,都列成行。明藩辽简王及

▲八岭山出土战国木柄铜锯

肃、靖、惠、恭、庄等许多王墓都在山北面。

由于八岭山地区的大型楚墓到现在连一座也没发掘，对它的陵园布局、墓葬形制、葬俗葬式和随葬器物一无所知，但拿已发掘的楚国附属小国曾侯乙墓比较的话，曾侯乙墓为岩坑竖穴木椁墓，椁室面积为260平方米，葬在楚惠王熊章五十六年，墓中出土了大量的精美文物，有青铜器、玉器、兵器、金器、礼乐器、漆器、竹简，质量优，数量多，在先秦已发掘的大型古墓葬中，首屈一指，尤其是编钟及编钟上一万多字的铭文，堪称世界艺术宝库中的一颗明珠。如果是楚王墓，规模只会比曾侯乙墓大，随葬器物肯定远远胜过曾侯乙墓。

紧靠八岭山已发掘的楚国中小型墓葬的出土文物，历史、艺术、科学研究价值极高。如马山砖瓦厂一号楚墓，只是一座小墓，出土了大量的丝绸制品，闻名于世；望山一号墓出土的越王勾践剑，是东周时期兵器中的精品，还有随葬的大量精美漆器，如双凤悬鼓、彩绘鸳鸯豆、双鱼耳杯和彩绘木雕蛙蛇龙凤座屏等。

辽王墓在八岭山古墓群内。据史料记载，辽王是明开国皇帝朱元璋第十四个儿子朱植，因为先封在辽东而获得"辽王"称谓。1404年改封在荆州，1425年病逝后葬在八岭山。

辽王墓室保存极为完好，现有的墓院墙，是按北方干打垒的土筑方式修筑的，院墙上部用带卷草的花纹图案砖出檐，上盖大型筒瓦。院墙周长837米，高约1.5米，整个墓区占地60余亩。墓室是砖石结构，呈"王"字型，共分五室。墓室顶部为拱形顶。墓室墙裙为磨砖对缝，工艺精湛。室内地面铺有陶质方砖。墓室内总面积102平方米。墓室的前、中、正殿还装有大型石门和两道木门，石门上有九排九行石制门钉。墓道长17米，墓室门前竖有墓志铭，分为底、盖两块，中间用四个圆形铜片分隔，并用三道铁箍包扎。盖面上刻有"故辽简王之墓"六个大字，底面上刻有辽简王的生平。论规模、格局都算得上是一座精美的地下宫殿。辽王墓在历史上虽多次被盗掘，但仍出土了100余件珍贵文物。这对于研究我国多民族统一国家的形成和发展，尤其是研究楚文化，具有很高的科学研究价值。

擂鼓墩古墓群

　　擂鼓墩古墓群，在湖北省随州市的西北郊2.5千米的擂鼓墩。擂鼓墩古时候是随国的领地，北望桐柏，南面涡山（大洪山），东临㴔水，山岭绵亘，古冢森森。传说春秋时期楚庄王讨伐随国，曾在这里筑台擂鼓，指挥将士作战，因而得名"擂鼓墩"。擂鼓墩一带是战国早期曾国的墓地，已探明古墓70多座，1978年发掘的曾侯乙墓是其中最大的一座，因为出土了大量的珍贵文物，特别是举世罕见、完整的古代乐器编钟，使得曾侯乙墓闻名于世。

　　曾侯乙是战国早期曾国的君主。曾侯乙墓建在红砂岩坡上，凿石为穴。墓圹面积约220平方米，分东、中、西、北四室，都是用巨型的木材隔成小室。主棺分为内外两层，全部是彩绘的，外棺长3.2米，高2.19米。殉棺21具，多施彩绘，殉葬人多是13～25岁的青少年女性。墓内随葬有礼乐器、兵器、车马器、金玉器、漆木竹器、竹简等珍贵文物1.5万多件，其中的铜礼

▲ 铜簋

▲ 战国早期金盏

器以鼎、簋（guǐ古代盛食物器具，圆口，双耳）为主，共有一百多件，品类齐全，造型奇妙，浮雕、透雕，错金嵌玉，巧夺天工；金盏、金杯、金勺等金器琳琅满目；璧、环、璜、玦各种玉器玲珑璀璨。就是这么一个小国的君主，在墓葬中就随葬了许多价值连城的物品，这不能不说是一个奇迹。

在曾侯乙墓所出土的文物中，最引人注目的是124件古代的乐器，其中有一套由64件钟组成的编钟，设计精巧，铸造瑰丽，出土时分三层八组悬挂在铜铸的钟架上，只要敲击镌刻在钟上的标音位置，就能发出合乎一定音阶的乐音，虽然埋藏在地下2400多年，但音乐性能仍然很好，音域宽广，音乐优美，古今乐曲都能演奏。1981年，在擂鼓墩二号墓也出土了包括30件编钟在内的大量古代乐器。擂鼓墩出土的古代乐器中，还有鼓、瑟、琴、排箫和横吹竹笛，制作精致，造型美观，为研究中国古代的音乐史提供了绝佳的实物资料。

人们只要欣赏过由这套千年古代乐器编钟演奏的、被誉为世界奇迹的远古之声，都会惊叹我国战国初年音乐文化和金属铸造工艺的辉煌成就，它不愧为我国青铜文化的瑰宝。擂鼓墩古墓出土的这些反映我国古代科学艺术成就的文化瑰宝，现藏在湖北省博物馆，并在原地加盖厅庑，保存墓坑、椁室及大部分棺木，并陈列着相应的文物及其复制品等。

六 | 墓群概观

广武汉墓群

广武汉墓群，是汉代雁门郡治和阴馆县官吏与富豪人家的集中墓地，在山西省朔州市山阴县新旧广武村以北的开阔地上。明、清两代曾扼隘口建城，就是现在的新、旧广武城，墓群因此得名。秦朝到汉朝初期，这里属雁门郡娄烦县。东汉时期雁门郡移到汉墓群以北1千米处的阴馆古城处。由于这里是汉朝与匈奴长期争战的地方，数百年间遗留下庞大的汉墓群，是研究我国汉代政治、军事、经济和文化的重要实物依据。1950年文化部文物局雁北文物勘查团来这里调查，才开始以广武命名。1988年，中华人民共和国国务院公布广武汉墓群为全国重点文物保护单位。

据《太平寰宇记》说："阴馆城今名下官城。"原位置就是在朔州市朔城区汴子疃乡下官城一带。这里依山傍水，雄踞雁门关前，在古代历来都是屯兵扼守、兵家必争之地，汉王朝在这里设县置郡，抵御匈奴贵族南下，其

▲广武汉墓群

作用是不言而喻的。

广武汉墓群，东起山阴县的新旧广武村、张庄，西到朔城区的里仁村、白庄村、沙窊村，广袤约4千米。新旧广武村北面1千米处冢丘密集，保存较完整的有250多座。整个墓群南依群山，北连朔州平川，从南向北俯瞰，由高到低，大小不一的封土堆星罗棋布。这一带地势开阔，墓地的中间地带因为流水冲刷，形成了一条自南向北的长沟，汉墓群主要分布在沟的两侧。现存的墓葬，沟东有44座，沟西有16座，旧广武城东有9座，共计69座。

广武汉墓群封土高2～10米，多数高6米左右，少数高10米以上，冢顶略呈方形，可以推知坟丘原来是覆斗形的。墓的规模大、数量多，为全国第一。现在广武汉墓群虽然没发掘，但从墓群西北端被水冲塌的四座墓室看，为砖室墓，出土的文物有陶壶、陶罐、陶钵、陶奁及五铢钱等。从墓的形状和出土文物考证，当时应为东汉时期。这里有为数更多的西汉土坑墓和东汉砖室墓遍布其间。这些小型墓，地表已经没有封土，主要原因是洪水冲塌等自然事故。